Emma Buck

© 2019 Kids & Concepts GmbH •
Senefelderstr. 22 • D-70176 Stuttgart

© Derib + Job – Le Lombard (Dargaud-Lombard S.A.) 2019
Licensed by: EL Euro Lizenzen, D-80331 München

© Derib + Job – Le Lombard (Dargaud-Lombard S.A.)
© 2016 - Ellipsanime Productions / Belvision /
ARD & WDR / Dargaud Media / 2 Minutes
Yakari TV Serie realisiert von Xavier Giacometti

Text: Carola von Kessel
Gestaltung: Studio Estinghausen
Bildnachweis Hintergrund: © Gunnar Assmy / Fotolia
Konzeption: Stefanie Kern, Kids & Concepts GmbH
Mitarbeit: Cora Friedrich, Kids & Concepts GmbH
www.friendz-verlag.de

Gedruckt in Europa

INHALT

Das widerborstige Stachelschwein	Seite	8
Das Wolfsjunge	Seite	20
Die Reise zu den großen Hügeln	Seite	32
Yakari und Freies Pferd	Seite	42
Der Tanz des Luchses	Seite	54
Yakari verliert seine Stimme	Seite	66
Ein Freund für Wirbelwind	Seite	76
Der fliegende Bär	Seite	88
Zwei ganz verschiedene Freunde	Seite	98
Der unheimliche Pferdedieb	Seite	108
Die Kojotenjagd	Seite	120
Eile mit Weile	Seite	130

DAS WIDERBORSTIGE STACHELSCHWEIN

Wuff, wuff! Lautes Hundegebell hallt durchs Indianerdorf. Mit flatternden Ohren saust der Hund Knickohr zwischen den Tipis hindurch. Er jagt einem Stöckchen nach, das der Indianerjunge Yakari für ihn geworfen hat.

„Gut gemacht!", lobt Yakari, als Knickohr das Stöckchen zurückbringt. Yakari hat eine ganz besondere Gabe: Er kann die Sprachen aller Tiere sprechen und verstehen. Deshalb hört er jetzt, während Knickohr schwanzwedelnd um ihn herumspringt, was der Hund sagt.

„Bitte wirf noch mal das Stöckchen, Yakari!", ruft Knickohr. „Das macht solchen Spaß!"

Der Junge will den Stock gerade nochmals wegschleudern, als sein Vater Kühner Blick auf ihn zukommt.

„Gut, dass du hier bist, Yakari", sagt Kühner Blick. „Ich möchte dich um einen Gefallen bitten. Für die Versammlung des Ältestenrates brauche ich heute Abend mein Festtagshemd. Aber es ist ganz verstaubt. Wärst du so lieb, es für mich auszuklopfen und in Ordnung zu bringen?"

„Ich kümmere mich gerne um dein Hemd, Vater", verspricht Yakari. „Du kannst dich auf mich verlassen."

Als Mitglied der Stammesältesten muss Yakaris Vater bei wichtigen Treffen oft festliche Kleidung tragen.

Kurz darauf hält Yakari das kunstvoll verzierte Hemd in den Händen. Doch Knickohr möchte weiterspielen. Sobald Kühner Blick nicht mehr in Sicht ist, springt der Hund bellend um Yakari herum und schnappt nach dem Hemd.

„Lass das, Knickohr!" Der Indianerjunge weicht dem Hund aus.

Doch dabei stolpert Yakari über einen großen Stein und verliert das Gleichgewicht.

Oje! Yakari landet in einer Decke, die seine Freundin Regenbogen gerade zum Trocknen aufgehängt hat, und reißt sie zu Boden.

„Alles klar bei dir?", fragt Regenbogen und hilft Yakari hoch. „Mir geht's gut", versichert er und klopft sich den Staub von der Hose. Als Regenbogen ihre Decke aufhebt, rieseln Schmutz und Erde heraus.

„Schade", seufzt das Indianermädchen. „Jetzt muss ich sie noch einmal waschen."
„Das tut mir leid", sagt Yakari. „Eigentlich war Knickohr an allem schuld ... Aber wo ist er eigentlich?"
Als er sich umschaut, sieht er Knickohr mit dem Hemd seines Vaters zwischen den Tipis verschwinden.
„Hiergeblieben, Knickohr!", ruft Yakari und nimmt die Verfolgung auf.

Dem Hund gefällt das Spiel. Als er merkt, dass Yakari ihm nachläuft, flitzt er schnell zur Pferdeweide.
„Nun bleib schon stehen!", fordert Yakari.
Am Weidezaun holt er den Hund endlich ein. Mit dem Hemd zwischen den Zähnen springt Knickohr fröhlich an ihm hoch.

„Das ist nicht lustig!", schimpft der Indianerjunge. „Mein Vater hat mir das Hemd anvertraut, also gib es mir bitte!"
Endlich lässt Knickohr das Festtagshemd auf die Erde fallen. Aber wie es nun aussieht! An der Vorderseite klafft ein großer Riss und von der Verzierung sind einige Tierborsten abgebrochen.

„Oh nein!", stöhnt der Indianerjunge. „Wie soll ich das nur meinem Vater erklären?"
„Entschuldige bitte", murmelt Knickohr und schleicht zerknirscht davon.
Yakaris Pony Kleiner Donner hat alles mit angehört.
„Kopf hoch, Yakari!", tröstet ihn Kleiner Donner. „Deine Mutter bekommt das sicher wieder hin."
„Gute Idee!", ruft der Indianerjunge und läuft gleich zu seiner Mutter Schimmernde Zöpfe, um ihr das Hemd zu zeigen.
Schimmernde Zöpfe betrachtet es und lächelt aufmunternd. „Das kann ich reparieren", sagt sie. „Aber dafür brauche ich neue Stachelschweinborsten, um die kaputten zu ersetzen und die Naht zu verdecken."

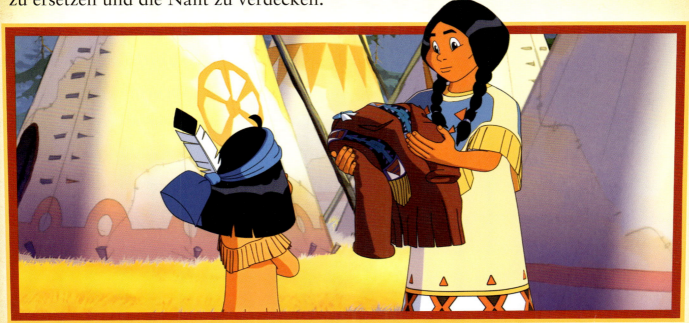

Noch während sie spricht, kommt der Jäger Kühner Rabe vorbei.
Schimmernde Zöpfe fragt ihn gleich: „Kühner Rabe, du kannst uns doch bestimmt ein paar Stachelschweinborsten besorgen."
„Aber natürlich", erwidert der Jäger. „Es gibt ein Stachelschwein ganz hier in der Nähe." Schon holt er Pfeil und Bogen aus seinem Tipi. „Ich mache mich gleich auf den Weg", ruft Kühner Rabe über die Schulter. „In Gedanken hat mein Pfeil das Stachelschwein schon getroffen. Dann gibt es heute Abend zu der Versammlung auch noch ein köstliches Essen."

Yakari erschrickt, als er das hört. Er liebt alle Tiere und möchte auf keinen Fall, dass Kühner Rabe wegen des Hemdes ein Stachelschwein erlegt! Außerdem weiß der kleine Sioux, dass es in dieser Gegend nur ein einziges Stachelschwein gibt – Yakaris Freund Pieksnadel!

„Warte doch, Kühner Rabe!", ruft Yakari. „Vielleicht kommen wir ja anders an die Nadeln!"
Aber Kühner Rabe schüttelt den Kopf.
„Du weißt doch, wie eigensinnig Stachelschweine sind", meint er. „Ich glaube kaum, dass das Stachelschwein mir freiwillig ein paar Borsten schenkt."
Nach diesen Worten zieht er los, um das Stachelschwein aufzuspüren. Verzweifelt blickt Yakari ihm nach. Er muss unbedingt vor Kühner Rabe bei Pieksnadel sein!

So schnell er kann, rennt Yakari zur Pferdekoppel und schwingt sich auf sein Pony Kleiner Donner.
„Weißt du noch, wo Pieksnadel lebt?", fragt Yakari.
„Na klar!", antwortet Kleiner Donner und springt mit Yakari über den Koppelzaun.
„Soll ich dich dort hinbringen?"
„Ja, aber bitte so, dass Kühner Rabe uns nicht bemerkt!" Yakari deutet auf den Jäger, der vor ihnen mit Pfeil und Bogen auf den Wald zusteuert. Kleiner Donner versteht sofort und schlägt einen anderen Weg ein. Im Schutz einiger Felsen galoppiert er auf den Wald zu, sodass Kühner Rabe die Freunde nicht sehen kann.

Unterwegs erzählt der Indianerjunge von seinem Plan. „Wir müssen Pieksnadel in Sicherheit bringen, bevor Kühner Rabe ihn aufspürt", erklärt Yakari.
„Aber wie willst du an die Stacheln kommen, die deine Mutter braucht?", erkundigt sich Kleiner Donner.
„Gute Frage", seufzt Yakari. „So wie ich Pieksnadel kenne, wird er sie sicher nicht freiwillig herausrücken."

Bald lassen sie die Ebene hinter sich und erreichen den Wald.
„Da vorne ist die Lichtung, auf der Pieksnadel lebt", stellt Yakari fest.
Sie finden das Stachelschwein hoch oben auf einem Baum.
„Hallo Pieksnadel!", ruft Yakari. Er springt vom Pony und klettert auf den Baum.
„Hallo Yakari", brummt das Stachelschwein. „Ich wollte mich gerade ausruhen. Warum störst du mich?"

„Entschuldige bitte", sagt Yakari. „Ein Jäger hat es auf deine Stacheln abgesehen. Du musst dich schnell verstecken!"

„Ach was!", meint das Stachelschwein. „Ich bin hier oben auf dem Baum doch gut versteckt. Lass mich bitte schlafen!"

In diesem Augenblick nähert sich auf der anderen Seite der Lichtung schon Kühner Rabe. Kleiner Donner verbirgt sich rasch zwischen einigen Büschen.

„Glaub mir, Pieksnadel!", fleht Yakari. „Dieser Jäger ist wirklich gefährlich, du solltest dich beeilen."

„Also gut!" Pieksnadel klettert den Baumstamm hinunter und folgt Yakari und Kleiner Donner gerade noch rechtzeitig, bevor der Jäger eintrifft.

Bald entdeckt Kühner Rabe die Spuren des Stachelschweins am Baumstamm. Aber was ist das? Als er den Boden rund um den Baum absucht, findet er nicht nur Stachelschweinspuren, sondern auch Abdrücke von Kinderschuhen und von Pferdehufen. „Na, so was!", murmelt Kühner Rabe. „Will sich da jemand einen Scherz mit mir erlauben?"

Inzwischen haben Yakari, Kleiner Donner und Pieksnadel den Fluss erreicht. Hier leben die Biber, mit denen Yakari gut befreundet ist.

„Kann sich Pieksnadel in eurem Bau verstecken?", fragt Yakari. „Ein Jäger ist hinter ihm her." Die Biber möchten gerne helfen, aber der Biberbau ist zu klein für das Stachelschwein.

„Was sollen wir nur tun?", überlegt Yakari. „Kühner Rabe ist ein guter Spurenleser. Sicher taucht er bald hier auf."

„Dann bekommt er meine Stacheln zu spüren!", sagt Pieksnadel. Aber Kleiner Donner schüttelt den Kopf. „Deine Nadeln werden dich nicht vor seinem Pfeil schützen", meint er.

Nachdenklich betrachtet das Biberjunge Lindenbaum das Stachelschwein. Plötzlich ruft er: „Ich weiß was! Lasst uns aus Stöcken und Zweigen ein Stachelschwein nachbauen! Ich kann es durchs Wasser ziehen, sodass es wie ein schwimmendes Tier aussieht."

„Gute Idee", lobt Yakari. „Und während du den Jäger damit ablenkst, bringt Pieksnadel sich in Sicherheit."

Gesagt, getan! Als Kühner Rabe kurz darauf am Flussufer erscheint, sieht er ein stacheliges Gebilde im Wasser schwimmen. Schon spannt er seinen Bogen und schießt einen Pfeil auf das Holztier ab. Doch das falsche Stachelschwein schwimmt einfach weiter.

„Na warte, dich erwische ich!",
ruft Kühner Rabe und nimmt
die Verfolgung auf.
Es dauert nicht lange, bis der
Jäger die Täuschung bemerkt.
„Jetzt reicht's mir aber!",
schimpft er. „Dahinter steckt
doch bestimmt Yakari!"

Unterdessen suchen die Freunde immer noch ein gutes Versteck für Pieksnadel.
„Was soll eigentlich die ganze Aufregung?", fragt das Stachelschwein unterwegs.
„Warum hat es der Jäger ausgerechnet auf mich abgesehen?"
„Wir brauchen einige deiner Stacheln", erklärt Yakari. „Bitte, Pieksnadel, kannst
du sie mir nicht schenken? Dann hat der Jäger keinen Grund mehr, dich zu
verfolgen."
Aber das Stachelschwein denkt gar nicht daran. „Meine Stacheln gehören mir",
grunzt es. „Weißt du was? Ich verstecke mich jetzt wieder in den Bäumen. Und
wehe, ihr stört mich noch einmal!"
Nach diesen Worten dreht
Pieksnadel sich um und rennt
davon.

„Warte doch!", ruft Kleiner
Donner und galoppiert hinterher.
„Ihr sollt mich in Ruhe lassen!",
faucht Pieksnadel und dreht sich
im Laufen nach hinten um.
Das Stachelschwein kann nicht
ahnen, dass Regenbogen hinter der nächsten Flussbiegung gerade ihre Decke zum
Trocknen auf dem Boden ausgebreitet hat. Weil Pieksnadel nach hinten schaut,
sieht er Regenbogen nicht.

Als Yakari seine Freundin mit der Decke bemerkt, ruft er: „Schnell, Regenbogen! Wirf die Decke über Pieksnadel!"
Regenbogen zögert kurz, dann packt sie die Decke und schleudert sie dem Stachelschwein entgegen. Yakaris Plan geht auf: Pieksnadel verheddert sich in der Decke!

In diesem Moment taucht Kühner Rabe auf.
„Was hat das alles zu bedeuten?", fragt er.
„Yakari, weshalb hilfst du dem Stachelschwein?"
„Ich möchte nicht, dass es getötet wird", sagt der Indianerjunge.
Da springt Pieksnadel auf und rennt mitsamt der Decke davon.
„Hiergeblieben!", rufen Kühner Rabe und Yakari.

Weil das Stachelschwein nichts sehen kann, prallt es bald gegen einen Baum.
„Bist du verletzt?", fragt Yakari besorgt.
„Nein, nein!" Pieksnadel schüttelt den Kopf.
„Aber jetzt möchte ich wirklich meine Ruhe haben!"

Da fällt Yakaris Blick auf die Decke, die neben Pieksnadel auf dem Boden liegt. Sie ist mit Stachelschweinnadeln gespickt!

„Seht nur!", ruft er. „Hier sind ja die Stacheln, die wir brauchen!"

„Na also, dann habt ihr ja doch noch bekommen, was ihr wolltet!", meint Pieksnadel. „Kann ich mich jetzt endlich zurückziehen und schlafen?"

Yakari wendet sich an den Jäger. „Können wir das Stachelschwein laufen lassen?", bittet er.

Kühner Rabe lächelt. „Ich sehe keinen Grund mehr, es zu erlegen. Wie du weißt, jagen wir Sioux nur, was wir unbedingt brauchen."

Während das Stachelschwein auf den Baum klettert, zupft Yakari die Borsten aus der Decke.

„Bin ich froh", seufzt er erleichtert. „Mit diesen Nadeln können wir Vaters Hemd flicken und neu verzieren."

Als Yakari fertig ist, schüttelt Regenbogen ihre Decke aus. „Nun muss ich sie schon wieder waschen", stellt das Indianermädchen fest.

„Ich helfe dir dabei!", verspricht Yakari. „Aber zuerst muss ich Mutter die Borsten bringen."

Im Indianerdorf macht Schimmernde Zöpfe sich gleich an die Arbeit. Pünktlich zur abendlichen Versammlung ist das Festtagshemd fertig.

„Hier ist dein Hemd, Vater", sagt Yakari und reicht es Kühner Blick. „Ich hatte es leider zerrissen, aber Mutter hat es wieder genäht." Lächelnd nimmt Kühner Blick das Hemd entgegen. „Vielen Dank, Yakari", meint er. „Kühner Rabe hat mir alles berichtet und ich bin wieder einmal beeindruckt von dir."

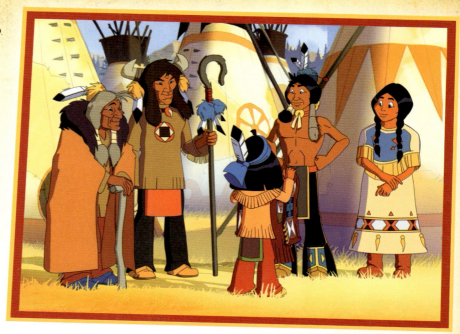

Kurz darauf hallen laute Trommelschläge über die Prärie. Während die Stammesältesten ihre Tänze aufführen, kommt Yakari endlich dazu, Regenbogen die ganze Geschichte zu erzählen.

Es ist schon tief in der Nacht, als im Indianerdorf Ruhe einkehrt. Auf dem Weg zu seinem Tipi begegnet Yakari Knickohr, der niedergeschlagen zwischen den Zelten herumschleicht.
„Kopf hoch!", sagt Yakari und krault den Hund. „Meine Mutter hat Vaters Hemd zusammengenäht. Und wenn du Lust hast, werfe ich morgen wieder Stöckchen für dich."
Da leuchten Knickohrs Augen und trotz der späten Stunde kann er sich ein freudiges Bellen nicht verkneifen. Wie gut, dass echte Freunde immer zusammenhalten!

DAS WOLFSJUNGE

Es ist ein wunderschöner Frühsommertag. Gut gelaunt streifen Yakari und Kleiner Donner durch den Wald. Schmetterlinge tanzen um sie herum und die Luft ist erfüllt vom Gesang der Vögel.

„Sieh nur, die Kirschen sind schon reif!" Auf einer Anhöhe entdeckt Yakari einen Kirschbaum mit leuchtend roten Früchten. Flink klettert er vom Rücken seines Ponys auf den Baum. Während Yakari Kirschen pflückt, lässt sich Kleiner Donner das saftige, grüne Gras schmecken.

Doch plötzlich ist es mit der Ruhe vorbei. Zweige knacken und ein Pekarischwein stürmt auf die Freunde zu.

„Hallo Yakari und Kleiner Donner!", ruft das Pekari atemlos. „Ich hab euch schon gesucht, denn ich brauche eure Hilfe."

„Hallo Grauer Kragen!", erwidert Yakari und klettert vom Baum. Noch ehe er weiterreden kann, kommt ein Wolfsjunges aus dem Gebüsch.

„Hab ich dich!", ruft es und rennt fröhlich um Grauer Kragen herum.

„Na, so was!", staunt Yakari. „Spielt ihr etwa Fangen? Wo ist denn das Rudel des kleinen Wolfes?"

Das Pekari schiebt das Wölfchen zur Seite. „Ich habe mich des kleinen Wolfes angenommen, weil er sein Rudel verloren hat", berichtet Grauer Kragen. „Könnt ihr mir vielleicht helfen, seine Familie zu finden?"

Kleiner Donner hebt den Kopf und schnaubt nervös. „Nach Wölfen suche ich gar nicht gerne", sagt er. „Ich habe nämlich Angst vor ihnen!"

„Ich weiß, Kleiner Donner!" Yakari streichelt sein Pony beruhigend. „Aber das Wolfsjunge muss doch zu seiner Mutter zurück. Komm schon, wir müssen ihm helfen! Ich bin ja bei dir."

Kleiner Donner gibt sich einen Ruck. Für Yakari würde er einfach alles tun. „Also gut", meint er. „Steig auf!"

Gemeinsam ziehen Yakari, Kleiner Donner, Grauer Kragen und das Wolfsjunge los.

Während sie auf der Suche nach Wolfsspuren durch den Wald streifen, versucht Yakari, mehr über das Junge in Erfahrung zu bringen.

„Erzähl schon, Grauer Kragen!", meint der kleine Sioux. „Wie kommt es, dass du dich um das Junge kümmerst, obwohl die großen Wölfe euch Pekaris jagen?" Grauer Kragen seufzt. „Das Kleine stand ganz verloren im Wald", berichtet er. „Ich konnte es doch nicht sich selbst überlassen."

„Aber ein Wolfsjunges gehört nicht zu einem Pekari", gibt Kleiner Donner zu bedenken.

„Das Gleiche haben meine Freunde auch gesagt", erzählt Grauer Kragen. „Deshalb haben sie mich aus unserer Rotte verstoßen. Solange ich den kleinen Wolf bei mir habe, darf ich mich dort nicht mehr blicken lassen."

„Du hast wirklich ein großes Herz", stellt Yakari fest. „Aber das Kleine braucht sein Rudel. Wenn wir seine Eltern gefunden haben, kannst du auch wieder zu deiner Rotte zurückkehren." Plötzlich ruft Grauer Kragen: „Halt! Stehen bleiben!" Sofort halten alle inne. Oje, dicht vor dem Wolfsjungen liegt ein seltsamer Laubhaufen auf dem Waldboden!

Yakari springt von Kleiner Donner und schiebt das Laub vorsichtig mit einem Stock zur Seite. Darunter kommt ein tiefes Loch zum Vorschein. Erschrocken weicht das Wolfsjunge zurück.

„Das war knapp", stellt Yakari fest. „Hier hat ein Jäger eine Falle gebaut. Gut, dass du so aufmerksam bist, Grauer Kragen!"

Wachsam ziehen die Freunde weiter. Sie behalten die Umgebung gut im Blick. Wer weiß, ob es hier noch mehr Fallen gibt?

Bald kommen sie an einen Fluss. Während die Tiere ihren Durst stillen, isst Yakari von den Kirschen, die er vorhin gepflückt hat.

„Ich habe solchen Hunger", stöhnt der kleine Wolf. „Ich könnte einen ganzen Wapiti essen."
Grauer Kragen zuckt erschrocken zusammen. „Ach was!", entgegnet er schnell. „Ich zeige dir, wie wir Pekaris uns ernähren."
Am Flussufer schiebt er einen großen Stein zur Seite. Darunter kommen einige Würmer zum Vorschein.
„Hier bitte", sagt Grauer Kragen zu dem Wolfsjungen. „Lass es dir schmecken!"
Der kleine Wolf verzieht das Gesicht. „Soll ich etwa Würmer essen?"
„Ja, natürlich! Die sind ganz köstlich", meint das Pekari und vertilgt gleich einige davon. „Komm, probier doch mal!"

Unter einem anderen Stein findet Grauer Kragen noch mehr Würmer. Das Wolfsjunge überwindet seinen Ekel und isst einen davon. „Bäh!" Der kleine Wolf schüttelt sich. „Die schmecken ja eklig!"
„Möchtest du vielleicht lieber ein paar Kirschen?" Yakari hält dem Wolf die roten Früchte hin. Vorsichtig kostet das Wolfsjunge. „Schon besser", meint es. „Aber das ist alles nicht so lecker wie ein Wapiti."
„Bestimmt finden wir bald deine Eltern", sagt Yakari aufmunternd. „Die wissen am besten, was kleinen Wölfen schmeckt."

Kurz darauf entdeckt der Indianerjunge an einem Felsen Kratzspuren. „Diese Spuren stammen von einem Wolf", ruft Yakari. „Es sieht ganz so aus, als hätten wir das Wolfsrevier erreicht."

„Seht mal hier!" Das Wolfsjunge bleibt vor einem Pfotenabdruck stehen. Als es mit seiner eigenen Pfote hineintritt, hinterlässt diese einen ganz ähnlichen Abdruck – nur viel kleiner.

„Gut aufgepasst!", lobt Yakari. „Das ist eine Wolfsspur. Wir müssen ihr nur folgen, um zu deinem Rudel zu kommen."
Während sie weiterziehen, spähen die Freunde in alle Richtungen. Für Grauer Kragen, Kleiner Donner und Yakari ist es hier sehr gefährlich. Sie müssen damit rechnen, plötzlich von Wölfen angegriffen zu werden.

Immer tiefer dringen sie in den Wald vor. Zu der einen Wolfsspur kommen immer weitere hinzu. Das Wolfsrudel kann nicht mehr weit entfernt sein! Die Freunde sind so mit der Suche nach den erwachsenen Wölfen beschäftigt, dass sie nicht merken, wie das Wolfsjunge verspielt einem Schmetterling nachjagt. Keinem von ihnen fällt auf, dass der kleine Wolf dem Schmetterling ins Dickicht folgt.

Plötzlich treten ihnen einige große Wölfe entgegen.
„Das ist unser Revier", knurrt ihr Anführer. „Wie könnt ihr es wagen, hier einzudringen?"
Die Wölfe zeigen ihre spitzen Zähne und kommen drohend näher.
Yakari spürt, wie Kleiner Donner unter ihm seine Muskeln anspannt.
„Ich kann alles erklären!", ruft er schnell. Doch als er sich nach dem Wolfsjungen umsieht, ist es spurlos verschwunden.

Der Leitwolf schüttelt erstaunt den Kopf. „Du sprichst ja unsere Sprache", stellt er fest. „Trotzdem hast du hier nichts zu suchen. Also verschwinde mit deinem Pony! Wir schnappen uns solange das Pekari."
Grauer Kragen quiekt vor Schreck. So schnell er kann, dreht er sich um und rennt davon.

Die Wölfe wollen sofort die Verfolgung aufnehmen. Da versperrt Kleiner Donner ihnen den Weg. Obwohl er Wölfe so sehr fürchtet, stellt er sich auf die Hinterbeine und lässt die Vorderbeine durch die Luft wirbeln, sodass die Wölfe sich nicht an ihm vorbeiwagen.
„Na warte!", knurrt der Leitwolf. „Du bist sehr mutig, aber dafür wirst du büßen!"
Drohend umzingeln die Wölfe Kleiner Donner und Yakari.
Während sie immer näher kommen, überlegt Yakari fieberhaft. Was kann er nur tun, um die Wölfe abzulenken?
In diesem Augenblick kommt mit verträumtem Gesichtsausdruck das Wolfsjunge angelaufen. Es folgt immer noch dem Schmetterling und ist völlig erstaunt, als es plötzlich seinen Vater und die anderen Wölfe sieht.

„Mein Sohn, da bist du ja wieder!", ruft der Leitwolf glücklich und gibt dem Wolfsjungen einen zärtlichen Nasenstupser. Yakari und Kleiner Donner atmen erleichtert auf. Das war Rettung in letzter Sekunde! „Wir wollten euch nur euer Junges zurückbringen",

erklärt Yakari. „Das Pekari, das ihr jagen wolltet, hat sich darum gekümmert." Noch ehe der große Wolf etwas darauf erwidern kann, fragt das Wolfsjunge: „Und wo ist Mama?"

Der Wolfsvater seufzt. „Deine Mutter ist losgezogen, um dich zu suchen. Sie wollte an den Ort, von dem die Menschen uns vertrieben haben. Irgendwo dort bist du verschwunden und sie hatte die Hoffnung, dich in dieser Gegend wiederzufinden."
Yakari schüttelt erstaunt den Kopf. „Aber wir Sioux jagen keine Wölfe", sagt er. „Wo war das denn?"
Der Leitwolf erwidert: „Bei der großen Eiche, die der Blitz gespalten hat."
Yakari weiß sofort, welchen Baum er meint. „Dort in der Nähe haben wir die Falle eines Jägers gesehen", fällt ihm ein.
Kleiner Donner ruft: „Vielleicht ist die Wolfsmutter in Gefahr!"
„Du hast recht", meint Yakari. „Schnell, wir müssen dorthin zurück!"
Schon wirbelt Kleiner Donner herum und galoppiert los.

„Wartet doch!", ruft das Wolfsjunge. „Kann ich mitkommen?"
„Bleib lieber bei deinem Rudel!", antwortet Yakari über die Schulter. „Dort ist es sicherer."
Doch als der Wolfsvater einmal kurz nicht aufpasst, folgt das Wolfsjunge heimlich den Spuren von Kleiner Donner.

Unterdessen zeigt Yakaris Pony, was in ihm steckt. Im gestreckten Galopp trägt Kleiner Donner seinen Reiter durch den Wald. Erst in der Nähe der gespaltenen Eiche wird er langsamer und setzt vorsichtig einen Huf vor den anderen.

Auf einmal hören die Freunde Wolfsgeheul. Als sie durch die Zweige spähen, sehen sie eine Wölfin, die mit einem Seil an einen Baum gebunden wurde. „Das ist bestimmt die Mutter des Wolfsjungen", flüstert Yakari. „Wir müssen sie befreien!"
In diesem Moment tritt ein fremder Jäger zwischen den Bäumen hervor. Sorgfältig breitet er Zweige und Blätter über einem Erdloch aus.

„Vielleicht geht mir ja heute noch ein Wolf in die Falle!", murmelt er.
Yakari und Kleiner Donner warten, bis der Mann wieder verschwunden ist.
„Jetzt ist die Luft rein", wispert Yakari. „Ich versuche, die Wölfin zu befreien."
Die Wölfin knurrt warnend, als der Indianerjunge sich anschleicht.
„Hab keine Angst!", sagt Yakari leise. „Ich komme, um dir zu helfen."

Während er an dem fest verknoteten Seil herumnestelt, erzählt er der Wolfsmutter von ihrem Sohn. „Wir haben ihn zu eurem Rudel zurückgebracht", berichtet Yakari.
„Beeil dich, Yakari!", drängt Kleiner Donner. „Der Jäger kann jeden Moment hier auftauchen."
Doch der Knoten lässt sich nicht lösen.
Plötzlich erscheint Grauer Kragen. „Ich suche meine Rotte", klagt das Pekari.
„Aber so langsam habe ich das Gefühl, dass ich im Kreis herumrenne."
„Pssst!", zischt Yakari.
Doch es ist zu spät! Der Jäger hat die Freunde bemerkt.
„Was geht hier vor?", schnauzt er und zielt mit dem Speer auf die Wölfin.
Das Pekari überlegt nicht lange. „Ich lenke ihn ab, bis du die Wölfin befreit hast", ruft es Yakari zu und stürmt quiekend an dem Jäger vorbei.

Der Jäger braucht einen Augenblick, bis er sich von dem Schreck erholt hat. Dann eilt er hinter dem Pekari her.
„Hoffentlich geht das gut!", stöhnt Yakari. Endlich gelingt es ihm, den Knoten im Seil zu lösen. Die Wolfsmutter ist wieder frei!

Auf einmal dringt das schrille Quieken von Grauer Kragen durch den Wald.
„Das klingt nicht gut!", sagt Yakari und springt auf sein Pony.
Kleiner Donner jagt los, gefolgt von der Wölfin.

Bald finden sie das Pekari. Der Jäger hat es gefangen und fesselt es gerade, sodass es nicht mehr weglaufen kann.
„Wir müssen diesen Jäger irgendwie vertreiben", meint Yakari. „Aber wie?"
Da kommt mit großen Sprüngen das Wolfsjunge angerannt und drängt sich zwischen den Jäger und das Pekari.
„Mein Kleiner!", ruft die Wolfsmutter und stürzt aus ihrem Versteck.

Der Jäger weicht erschrocken zurück, doch das war noch nicht alles. In diesem Moment stürmt auch noch das restliche Wolfsrudel, das den Spuren des kleinen Wolfes gefolgt ist, auf die Waldlichtung. Die Wölfe umstellen den Jäger und knurren ihn an.
„Bitte verschont mich!", fleht der Jäger. „Hilfe, ich komme nie wieder hierhin!"

„Lasst ihn laufen!", bittet Yakari. Zögernd treten die Wölfe zurück und lassen den Jäger vorbei. So schnell er kann, rennt er davon. Während Yakari das Pekari befreit, können sich die Wolfsmutter und ihr Sohn endlich richtig begrüßen.

Nun wendet sich das Wolfsjunge noch einmal an Grauer Kragen. „Vielen Dank für alles", sagt es.
„Leb wohl, mein kleiner Wolf!", erwidert das Pekari und drückt seine Nase zärtlich gegen die des Wolfsjungen.

Nun zieht sich das Wolfsrudel wieder in die Tiefen des Waldes zurück. Yakari und Kleiner Donner begleiten Grauer Kragen noch zu seiner Rotte. Dort wird er herzlich aufgenommen und erzählt stolz von seinen Abenteuern.
„Bis bald, Grauer Kragen!", ruft Yakari und winkt zum Abschied. Dann wendet er sich an sein Pony. „Möchtest du dich noch am Fluss erfrischen oder lieber gleich nach Hause?"
„Lieber nach Hause", meint Kleiner Donner. „Hauptsache, ich sehe heute keinen Wolf mehr!"
„Du warst wirklich sehr mutig", sagt Yakari und schlingt die Arme um den Hals seines Ponys. „Danke, Kleiner Donner! Wer weiß, wie dieses Abenteuer ohne dich ausgegangen wäre!"

DIE REISE ZU DEN GROSSEN HÜGELN

Nanu, was ist heute im Indianerdorf los? Als Yakari morgens zur Pferdeweide läuft, traut er seinen Augen kaum. Gerade führen die beiden Stammesmitglieder Müder Krieger und Fettauge ihre Pferde von der Weide.

„Na, so was!" Neugierig kommt Yakari näher. Fettauge verschläft meist den ganzen Tag und Müder Krieger merkt oft erst gegen Mittag, dass die Nacht vorüber ist. Noch nie hat Yakari die beiden so frühmorgens auf den Beinen gesehen.

„Guten Morgen, Yakari", ertönt da hinter ihm die Stimme seiner Mutter Schimmernde Zöpfe.

Als Yakari sich umdreht, sieht er sie aus dem Zelt des Stammesältesten Stiller Fels kommen.

„Guten Morgen, Mutter", erwidert Yakari. „Warum seid ihr denn alle so früh auf den Beinen?"

„Stiller Fels leidet unter der Krankheit der roten Augen", erklärt Schimmernde Zöpfe. „Er verträgt überhaupt kein Licht."

„Oje!", sagt Yakari. „Geht das denn wieder weg?"
„Aber sicher", antwortet seine Mutter. „Um die Krankheit zu heilen, brauchen wir allerdings etwas Rinde von einem Schneebaum. Ich habe Fettauge und Müder Krieger gebeten, die Rinde für Stiller Fels zu holen."

„Wo gibt es denn Schneebäume?" Yakari hat noch nie davon gehört.

„Die Bäume wachsen hoch oben auf der Ebene der großen Hügel", erwidert Schimmernde Zöpfe.

„Das ist ganz schön weit", meint Yakari und blickt zweifelnd zu den beiden Männern hinüber, die gerade mühsam auf ihre Pferde klettern.

Während seine Mutter wieder im Tipi von Stiller Fels verschwindet, läuft Yakari zu Kleiner Donner. „Guten Morgen!", begrüßt er seinen vierbeinigen Freund und erzählt, was die beiden Männer mit ihren Pferden vorhaben. „Sollen wir ihnen folgen?", fragt Yakari. „Was meinst du, Kleiner Donner?"

Sein Pony schnaubt zustimmend. „Gute Idee", sagt Kleiner Donner. „Vielleicht brauchen sie unterwegs unsere Hilfe. Los geht's!"

Mit etwas Abstand folgen Kleiner Donner und Yakari den Pferden, die mit ihren Reitern im gemächlichen Schritt über die Prärie schlurfen.

„Können die nicht ein bisschen schneller reiten?", stöhnt Yakari.

Kleiner Donner lacht. „Die Pferde ähneln nun mal ihren Reitern", erklärt er.

Endlich erreichen sie den Wald. Flink und doch leise läuft Kleiner Donner mit Yakari zwischen Bäumen und Sträuchern hindurch. So kommen sie ganz nah an die Reiter heran, ohne dass diese etwas bemerken.

„Nun sieh dir das an!", flüstert Yakari. „Fettauge ist auf dem Pferd eingeschlafen."

Tatsächlich: Mit geschlossenen Augen lässt sich der Reiter durch den Wald tragen. Auch sein Pferd Grauer Morgen sieht ganz schläfrig aus. Behäbig trottet es neben dem Pferd von Müder Krieger her.

Oje! Hinter der nächsten Wegbiegung ragt ein Ast quer über den Weg. Müder Krieger duckt sich, aber der schlafende Fettauge kann den Ast natürlich nicht sehen! Während sein Pferd darunter hindurchläuft, bleibt Fettauge an dem Ast hängen.

„Oh nein!", ruft Yakari, der alles beobachtet hat.

Doch Fettauge merkt nicht einmal, was geschehen ist. Während er an dem Ast baumelt, schläft er einfach weiter.

„Warte hier auf mich!", sagt Yakari zu Kleiner Donner und springt von dessen Rücken. Schnell läuft er zu dem Pferd von Fettauge, das inzwischen dösend stehen geblieben ist. Yakari weckt es sanft und führt es unter den Baum.

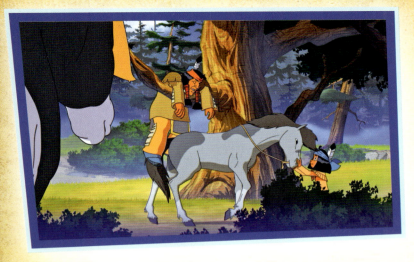

„Bleib schön stehen!", bittet er das Pferd und zieht Fettauge vorsichtig von dem Ast, sodass der genau auf dem Pferderücken landet. Geschafft!
Fettauge, der die ganze Zeit tief und fest geschlafen hat, sieht sich erstaunt um. Yakari bemerkt er gar nicht.
„Hey, Müder Krieger!", ruft er seinem Begleiter zu, der inzwischen schon ein ganzes Stück vorausgeritten ist. „Warte doch auf mich!"
Grinsend schleicht Yakari zu Kleiner Donner zurück.
„Los, wir bleiben ihnen weiter auf den Fersen!", meint der Indianerjunge. „Wer weiß, was den beiden noch alles passiert?"

Als sie den Wald wieder verlassen, ragen vor ihnen die Berge auf. Langsam stapfen die Pferde von Müder Krieger und Fettauge bergauf.
Am Rand einer tiefen Schlucht bleiben sie stehen. Doch bald entdeckt Fettauge eine Steinbrücke, die über die Schlucht führt. Mutig reitet er voraus, gefolgt von Müder Krieger.

Plötzlich sehen Yakari und Kleiner Donner, wie die Steinbrücke unter den Hufen der Pferde bröckelt! Fettauge hat die andere Seite der Schlucht schon fast erreicht, aber Müder Krieger und sein Pferd befinden sich mitten auf der Brücke. Sie sind in größter Gefahr!

„Schnell, wir müssen sie warnen!", beschließt Yakari.

Das lässt sich Kleiner Donner nicht zweimal sagen. Sofort galoppiert er los.

„Müder Krieger!", ruft Yakari, so laut er kann. „Müder Krieger!"

Doch der Indianer träumt wieder einmal vor sich hin. Er merkt nicht, dass die Brücke unter ihm laut knirscht und immer größere Risse bekommt. Und er hört auch Yakaris Rufe nicht.

Yakari und Kleiner Donner bleibt nichts anderes übrig, als sich selbst auf die Brücke zu wagen.

„Du musst hier weg, Müder Krieger!", schreit Yakari. „Die Brücke stürzt ein!"

Yakari und sein Pony haben schon fast die Brückenmitte erreicht, als der Indianer sich langsam umdreht.

„Hallo Yakari!", sagt Müder Krieger langsam. „Schön, dich zu sehen."

„Reite schnell von der Brücke!", warnt Yakari. „Sie kann jeden Moment ..."

In diesem Augenblick bricht ein Riss zwischen den Steinen weit auf. Felsbrocken prasseln in die Tiefe und schon klafft ein Loch in der Brücke – genau zwischen Yakari und Müder Krieger!

„Schnell weg hier!", stößt Yakari hervor.

Kleiner Donner wirbelt herum und jagt mit großen Sprüngen zurück an den Rand der Schlucht.

Endlich erkennen auch Müder Krieger und sein Pferd die Gefahr. Während hinter ihnen die Brücke zusammenbricht, stürmt das Pferd blitzschnell vorwärts. In letzter Sekunde erreichen die beiden den sicheren Rand der Schlucht.

„Puh, das war knapp!" Schaudernd blickt Yakari in den Abgrund hinunter. „Danke, Kleiner Donner", sagt er und streicht über das verschwitzte Fell seines Ponys. „Du hast uns gerettet!"
Der Indianerjunge winkt den Reitern auf der anderen Seite zu. „Reitet ohne uns weiter!", ruft er. „Wir suchen einen anderen Weg über die Schlucht und folgen euch dann."
Es dauert eine Weile, bis Yakari und Kleiner Donner einen Übergang finden. Bald sehen sie auch Müder Krieger und Fettauge wieder, die ein gutes Stück vor ihnen einen schmalen Felsgrat hinaufreiten. „Die haben wir schnell eingeholt", meint Kleiner Donner.

Während sie höher und höher steigen, passt Kleiner Donner genau auf, wo er hintritt. Doch plötzlich prasseln von oben einige Felsbrocken herab! Mit einem großen Sprung weicht Kleiner Donner aus. Da verliert Yakari das Gleichgewicht und fällt vom Pferd. Oje, der Indianerjunge stürzt in die Tiefe!
Zum Glück fällt er nicht weit, sondern landet auf einem Felsvorsprung. Doch unter ihm klafft eine tiefe Schlucht.
„Schnell, Kleiner Donner", ruft Yakari. „Hole Fettauge und Müder Krieger! Sie können nicht weit von hier sein."

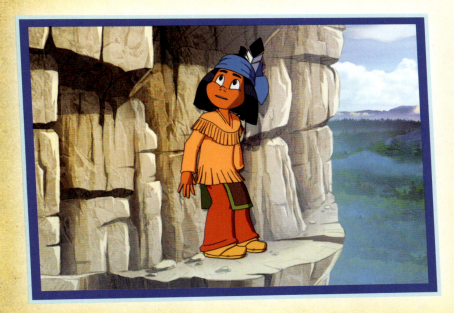

Sofort jagt Kleiner Donner los. Es dauert nicht lange, bis er mit Fettauge und Müder Krieger zurückkehrt. Jetzt, wo Yakari in Gefahr ist, sind die beiden hellwach. Sie bilden eine Kette und ziehen den Jungen mit vereinten Kräften nach oben.

„Vielen Dank, meine Freunde", sagt Yakari. Sein Herz klopft immer noch bis zum Hals. „Ohne euch wäre ich verloren gewesen."
Nun reiten sie gemeinsam weiter. Geschickt klettern die Pferde felsige Hänge und Bergwiesen hinauf. Je höher sie steigen, desto kühler wird es. Wolkenfetzen hängen in der Luft und in der Ferne glitzern schneebedeckte Berggipfel.
Endlich liegt die Ebene der Großen Hügel vor ihnen. Atemlos blicken die Reiter auf ein nebliges Wolkenmeer, aus dem zwei Hügelkuppen ragen.
„Hier irgendwo müssen die Schneebäume wachsen", meint Fettauge. „Aber wo?"
„Lasst uns beide Hügel absuchen!", schlägt Yakari vor. „Wenn ihr den linken übernehmt, sehe ich mich auf dem rechten Hügel um."
Damit sind alle einverstanden.

Yakari und Kleiner Donner ziehen gleich los und durchforsten den rechten Hügel. Doch sie können nirgendwo einen Schneebaum entdecken.
„Ich glaube, hier sind wir falsch", stellt Yakari nach einer Weile fest. „Lass uns umkehren und zu den anderen reiten!"
In diesem Augenblick kommt plötzlich ein Bärenjunges aus dem Gebüsch.
„Hallo Honigtau", ruft Yakari überrascht. „Was machst du denn hier?"
„Ich suche meine Mama", erklärt der kleine Bär. „Wir waren zusammen unterwegs, aber in dem dichten Nebel habe ich sie aus den Augen verloren."
„Komm einfach mit uns!", schlägt Yakari vor. „Wir sehen uns jetzt auf dem anderen Hügel um, da können wir gut auch nach deiner Mutter Ausschau halten."
Der kleine Bär ist froh, dass er nicht mehr alleine suchen muss. Eifrig folgt er Kleiner Donner.

Aber was ist das? Auf dem zweiten Hügel werden Müder Krieger und Fettauge von einer großen Bärin bedrängt. „Pass bloß auf, Yakari!", warnt Fettauge. Doch Yakari kennt die Bärin gut, denn sie ist die Mutter seines kleinen Freundes Honigtau. „Keine Sorge!", erwidert er. „Schau mal, Mama Bär, wen ich dir mitgebracht habe!"
Als die Bärenmutter ihr Junges sieht, leuchten ihre Augen. „Da bist du ja, Honigtau!", ruft sie. „Ich habe mir solche Sorgen gemacht."
Der kleine Bär schmiegt sich an seine Mutter. „Zum Glück hat Yakari mich hierhergebracht", meint er.
„Danke für deine Hilfe, Yakari", sagt die Bärenmutter.

Nachdem die Bären weitergezogen sind, klettern Fettauge und Müder Krieger von dem Felsen herunter. „Vielen Dank, Yakari", sagt Müder Krieger. „Wer weiß, was die Bärin mit uns angestellt hätte, wenn du nicht mit dem Jungen gekommen wärst."
Auf einmal dringen einige Sonnenstrahlen durch die Wolkendecke und lösen den Nebel auf.
„Seht nur!" Yakari deutet auf einige weiß blühende Bäume. „Das sind doch bestimmt die Schneebäume."

„Ja, das sind sie", nickt Müder Krieger. „Ein Glück! Wir haben es doch noch geschafft, das Heilmittel für Stiller Fels zu finden."

Kurz darauf kehren die drei Reiter mit ihren Pferden ins Indianerdorf zurück. Rasch bereitet Schimmernde Zöpfe aus der Baumrinde eine Heilsalbe zu.
Und siehe da: Kaum hat sie ihn damit behandelt, geht es Stiller Fels schon viel besser!
„Ich danke euch sehr, dass ihr den weiten Weg auf euch genommen habt", sagt der Stammesälteste zu Yakari und den beiden Männern. „Bestimmt habt ihr unterwegs viele Abenteuer erlebt."
„Das kann man wohl sagen", meint Yakari. „Zuerst haben Müder Krieger und Fettauge mich gerettet ..."
„... Und als wir in Not waren, kam Yakari uns zu Hilfe", ergänzt Müder Krieger.

Stiller Fels nickt zufrieden. „So unterschiedlich die Mitglieder unseres Stammes auch sind – im Notfall halten sie immer zusammen", stellt er fest.
Und das können die drei nur bestätigen!

YAKARI UND FREIES PFERD

Es ist noch früh am Morgen. Als die ersten Sonnenstrahlen in sein Tipi fallen, rappelt sich Yakari gähnend auf.
„War das eine unruhige Nacht!", stöhnt er. „Hast du auch das Brausen des Windes gehört, Knickohr?" Der Hund Knickohr, der neben Yakari auf dem Boden geschlafen hat, springt auf. „Na klar", meint er. „Der Sturm hat am Tipi gerüttelt, dass ich dachte, es fliegt gleich davon."
„Zum Glück steht es noch", stellt der Indianerjunge fest. „Komm, wir sehen uns mal im Dorf um! Hoffentlich hat der Sturm keine größeren Schäden angerichtet."

Draußen ist die Luft frisch und kühl. Im Indianerdorf liegen einige Tongefäße und Zweige herum, die der Wind mitgerissen hat. Aber die Tipis sind nicht beschädigt.
„Da haben wir ja noch mal Glück gehabt", meint Yakari.
In diesem Augenblick dringt die aufgeregte Stimme des Jägers Kühner Rabe von der Pferdekoppel herüber.
„Kommt schnell her!", ruft er. „Seht nur, was passiert ist!"
So schnell er kann, rennt Yakari zur Koppel. Dort traut er seinen Augen kaum: Das Koppeltor ist offen und kein einziges Pferd ist mehr da!
Auch die anderen Stammesmitglieder versammeln sich an der Koppel. Alle reden aufgeregt durcheinander.

„Was ist passiert?", fragt Yakari seinen Vater Kühner Blick.

„Heute Nacht sind alle unsere Pferde verschwunden", erklärt Kühner Blick. „Auch Kleiner Donner."

Yakari schnappt erschrocken nach Luft. „Aber das kann doch nicht sein!", ruft er. „Wo sind sie denn hin? Hat der Sturm sie so erschreckt?"

„Das waren bestimmt Pferdediebe", vermutet Stolze Wolke.

Knickohr läuft auf die Weide und schnuppert überall herum. Plötzlich bellt er laut. „Ich glaube, Knickohr hat eine Spur gefunden", sagt Kühner Blick und läuft schnell zu dem Hund hinüber.

Bellend blickt Knickohr auf einen Zaunpfosten, in dem ein weißer Pfeil steckt. Mit ernstem Gesicht zieht Kühner Blick ihn heraus. „Es gibt keinen Zweifel", stellt er fest. „Freies Pferd hat sein Zeichen hinterlassen."
„Freies Pferd?", fragt Yakari. „Wer ist das?"
Der Medizinmann Der-der-alles-weiß sagt: „Freies Pferd ist ein böser Dämon, der mit den Winden zieht und den Menschen ihre Pferde wegnimmt."
„Aber ohne unsere Mustangs sind wir verloren!", meint Kühner Rabe. „Wie sollen wir ohne sie auf Bisonjagd gehen oder den langen Weg zu unserem Winterquartier zurücklegen?"
Stolze Wolke ruft: „Wir müssen die Pferde wiederfinden! Der Stamm braucht sie zum Überleben."

„Ihr habt recht", stimmt Kühner Blick zu. „Lasst uns den Hufspuren folgen! Aber es wird hart werden, macht euch auf einen weiten Weg gefasst. Wir brauchen reichlich Proviant und Waffen."

Mit gemischten Gefühlen beobachtet Yakari, wie die Männer alles zusammenpacken. Knickohr streicht um Yakaris Beine. „Hast du Angst um Kleiner Donner?", erkundigt er sich.

Yakari nickt. „Ja, ich mache mir große Sorgen. Die Männer sind so wütend, hoffentlich geht alles gut."

Während er Knickohr streichelt, hat er eine Idee. „Was hältst du davon, wenn wir die Männer begleiten und mit auf die Suche gehen?", fragt Yakari. „Vielleicht kann deine feine Spürnase uns helfen, die Pferde wiederzufinden!"

Knickohr bellt zustimmend. Kurz darauf brechen Yakari und Knickohr mit den Männern auf. Zu Fuß folgen sie den Spuren der Pferde.

Die Hufabdrücke führen über steinige Ebenen und durch dichten Wald. Oft sind sie gut zu sehen, doch an Felshängen und zwischen Dornenranken verlieren sie sich immer wieder. Hier läuft Knickohr schnuppernd voraus und zeigt Yakari und den Männern, wo die Fährte weitergeht.

Sie sind schon ein gutes Stück gelaufen, als sie an einen Fluss kommen.

„Oh nein!", stöhnt Kühner Blick. „Die Hufabdrücke enden am Flussufer."

Sosehr die Stammesmitglieder auch suchen, sie finden auf der anderen Seite des Flusses keine Spuren mehr.

„Freies Pferd hat unsere Mustangs durch den Fluss geführt, um ihre Fährte zu verwischen", meint Stolze Wolke.

„Am besten teilen wir uns in zwei Gruppen auf", schlägt Kühner Blick vor. „Ein Teil von uns geht flussaufwärts und der andere flussabwärts."
Er wendet sich an Yakari. „Du kehrst bitte ins Dorf zurück", sagt Kühner Blick. „Der Weg ist zu lang für ein Kind."
„Aber Vater", entgegnet Yakari. „Ich kann euch helfen!"
Doch Kühner Blick lässt nicht mit sich reden. „Ich möchte, dass du heimgehst", sagt er streng.

Noch bevor Yakari etwas erwidern kann, wendet sein Vater sich zum Gehen. Enttäuscht schaut Yakari den Männern nach. Da fällt sein Blick auf Knickohr. „Lauf schnell hinterher und versuche, die Pferde zu finden", sagt er zu dem Hund. Knickohr wedelt eifrig mit dem Schwanz und saust los.
Nachdenklich betrachtet Yakari die Hufspuren am Flussufer. Ob die Pferde wohl wirklich von einem Dämon entführt wurden? Da hört er auf einmal Hufgetrappel. Aufgeregt sieht er sich um – und siehe da, am anderen Ufer taucht Kleiner Donner auf! An einer schmalen Stelle springt er über den Fluss und galoppiert mit wehender Mähne auf Yakari zu.
„Kleiner Donner!", ruft der Junge glücklich und schlingt die Arme um sein Pony. „Ich bin so froh, dass es dir gut geht! Erzähl schon, was ist passiert?"
„Ein fremder Reiter hat die Mustangs weggeführt", berichtet Kleiner Donner.
„Ein Reiter ganz allein?", fragt Yakari überrascht.

Kleiner Donner nickt. „Ja, die Pferde wirkten alle wie verzaubert. Sie sind dem Reiter friedlich gefolgt, als wäre er einer von ihnen."
Eine Gänsehaut kriecht über Yakaris Rücken. „Freies Pferd", meint er nachdenklich. „Und was war mit dir, Kleiner Donner?"
Das Pony legt seinen Kopf in Yakaris Hand. „Ich bin ihnen gefolgt, weil ich sehen wollte, wohin sie laufen. Dann bin ich schnell umgekehrt, um dir Bescheid zu geben."
„Danke, Kleiner Donner!" Yakari krault sein Pony liebevoll. „Zeigst du mir, wo die Pferde sind?"
„Na klar!" Kleiner Donner scharrt eifrig mit den Hufen. Schon schwingt sich Yakari auf den Rücken des Ponys und die beiden machen sich auf den Weg.

Kleiner Donner hat sich die Strecke genau gemerkt. Sicher trägt er Yakari aus dem Wald hinaus. Bald kommen sie in eine felsige Gegend mit hohen Steilwänden und tiefen Abgründen. Vor einem schmalen Durchgang bleibt Kleiner Donner stehen. „Bis hierhin bin ich der Herde gefolgt", erzählt er. „An dieser Stelle bin ich umgekehrt, um dich zu holen."

Yakari atmet tief durch. Unheimliche Schatten wandern über die Felswände, die auf beiden Seiten des Engpasses in die Höhe ragen.

„Lass uns weitergehen!", sagt er. Kleiner Donner schlägt den Weg zwischen den Felswänden ein. Bis auf das Klappern seiner Hufe, das von den steinernen Wänden zurückhallt, ist es ganz still.

Plötzlich weitet sich der Gang und helles Sonnenlicht fällt auf die Freunde. Vor ihnen liegt eine grasbewachsene Hochebene, die rundum von Felsen eingeschlossen ist.

Yakari schnappt nach Luft. Auf der Ebene grasen friedlich die Pferde seines Stammes!

„Komm, wir gehen zu ihnen!", sagt der Indianerjunge leise. „Aber wir müssen vorsichtig sein. Vielleicht beobachtet uns derjenige, der die Pferde hierhingebracht hat."
Zielstrebig läuft Kleiner Donner mit Yakari auf seine Herdengenossen zu.

„Hey, du da unten!", hallt da auf einmal eine Stimme über die Ebene.
Als Yakari sich umsieht, entdeckt er am Rand der Hochebene ein Mädchen auf einem weißen Pferd mit dunklen Tupfen. Yakari reitet auf sie zu. „Bist du Freies Pferd?", fragt er. „Ich heiße Yakari."
„Ja, man nennt mich Freies Pferd", erwidert das Mädchen. „Aber du verdienst den Mustang nicht, auf dem du sitzt! Die armen Pferde werden von den Menschen doch nur gequält und misshandelt."

Da ist Yakari anderer Meinung. „Leider gibt es wirklich Menschen, die ihre Pferde schlecht behandeln", räumt er ein. „Aber unser Stamm achtet die Mustangs und sorgt gut für sie."
Freies Pferd lacht höhnisch. „Das musst du mir beweisen", fordert sie.
Yakari gleitet vom Pferderücken. „Kannst du bitte eine Runde laufen und dann zu mir zurückkommen?", flüstert er seinem Pony ins Ohr. Kleiner Donner nickt und galoppiert gleich los. Nach einer Runde steuert er wieder auf Yakari zu, bleibt vor ihm stehen und schnaubt vertrauensvoll.

„Dein Pony scheint dich wirklich zu mögen", stellt Freies Pferd erstaunt fest. „Aber bist du auch ein guter Reiter?"
Schon prescht sie mit ihrem Pferd los. Yakari schwingt sich blitzschnell auf Kleiner Donner und nimmt die Verfolgung auf. Bald haben sie Freies Pferd eingeholt. Freies Pferd ruft: „Unser Wettrennen ist noch nicht zu Ende!"

Im gestreckten Galopp jagt sie auf eine breite Felskluft zu. Kleiner Donner spannt seine Muskeln an und schießt an dem anderen Pferd vorbei.

Aber der Spalt zwischen den Felsen ist sehr breit! Können die Pferde den Sprung wirklich schaffen?
„Du musst das nicht tun, Kleiner Donner!", sagt Yakari zu seinem Pony. „Lass mich nur machen!", gibt Kleiner Donner zurück und setzt zu einem gewaltigen Sprung an. Leichtfüßig fliegt er über den Abgrund und landet sicher auf der anderen Seite.

„Danke, Kleiner Donner!" Atemlos streichelt Yakari sein Pony am Hals. In diesem Moment springt auch das Pferd seiner Gegnerin über den Felsspalt. Doch bei der Landung rutscht es auf dem glatten Boden aus und stürzt. Freies Pferd fällt von seinem Rücken.
„Oh nein!", ruft Yakari erschrocken und springt vom Pferd.
Zum Glück rappelt sich die Reiterin schon wieder auf. Aber was ist mit ihrem Pferd? Bestürzt beugt Freies Pferd sich über ihren vierbeinigen Freund. „Bist du verletzt?", fragt sie. „Wie dumm ich war! Es tut mir so leid! Wie konnte ich nur wegen einer Mutprobe das Leben meines Pferdes aufs Spiel setzen?"
Da geht plötzlich ein Ruck durch das Pferd und es springt auf. Sofort tastet das Mädchen es überall ab und prüft, ob es verletzt ist.

„Puh, das ist noch mal gut gegangen!", stellt sie erleichtert fest.
Nach diesem Schreck dürfen die Pferde erst einmal grasen.
„Erzähl mir deine Geschichte, Freies Pferd!", bittet Yakari.

Wenig später sitzen die beiden an einem wärmenden Feuer und Freies Pferd beginnt zu erzählen.
„Ich komme aus einem fernen Land", berichtet sie. „Das Leben dort ist hart und die Stämme stehlen sich oft gegenseitig die Pferde und behandeln sie schlecht." Sie seufzt. „Früher hatte ich einen Mustang, der schön und schnell war wie dein Pony." Bei der Erinnerung verdunkelt sich ihr Blick. „Eines Tages wurde er mir gestohlen und ich sah ihn nie wieder."

Yakari schluckt. Wie schrecklich muss es sich anfühlen, sein geliebtes Pferd zu verlieren!

Freies Pferd ballt die Hände zu Fäusten. „Damals habe ich mir geschworen, die Menschen zu bestrafen, indem ich ihre Pferde befreie."

Yakari fragt leise: „Und deshalb nennt man dich Freies Pferd?"

Sie nickt. „Weil es den Menschen nicht gelingt, mich zu fangen oder meine Gründe zu verstehen, behaupten sie einfach, ich wäre ein böser Geist, ein Dämon ..."

Inzwischen ist es spät geworden. Yakari und Kleiner Donner verbringen die Nacht auf der Hochebene.

Als die ersten Sonnenstrahlen über die Bergkuppen wandern, verabschieden sich Freies Pferd und Yakari voneinander.

„Du bist etwas ganz Besonderes", sagt Freies Pferd. „Wenn dir die Pferde deines Stammes aus freiem Willen folgen, darfst du sie mitnehmen, Yakari."

Damit ist Yakari gerne einverstanden. Langsam geht er durch die Herde und spricht zu jedem Pferd einige Worte. Dann schwingt er sich auf Kleiner Donner und reitet los.

Die Pferde seines Stammes heben die Köpfe. Eines nach dem anderen setzt sich in Bewegung und schließt sich Yakari und Kleiner Donner an, bis schließlich die ganze Herde frei hinter ihnen herläuft.

Yakari fällt ein Stein vom Herzen. Sein Stamm ist gerettet!
„Leb wohl, Yakari!", ruft Freies Pferd – und Yakari winkt zum Abschied.

Kurz darauf trifft er auf seinen Vater und die anderen Männer, die mit Knickohr bis an den Rand der Felslandschaft gewandert sind.
„Wo kommst du denn her, Yakari?", ruft Kühner Blick entgeistert. Als er die frei laufenden Pferde hinter seinem Sohn sieht, breitet sich auf seinem Gesicht ein Lächeln aus.

„Ich bin stolz auf dich, Yakari", sagt Kühner Blick. „Und auf Kleiner Donner!"
Gut gelaunt machen sich alle auf den Rückweg ins Indianerdorf. Unterwegs denkt Yakari voller Dankbarkeit daran, was für wunderbare vierbeinige Freunde er doch hat. Und er nimmt sich fest vor, auch weiterhin alle Tiere respektvoll zu behandeln – so, wie sie es verdient haben.

DER TANZ DES LUCHSES

Rund ums Jahr feiert Yakaris Stamm verschiedene Feste, um die Schutzgeister anzurufen und um genug Nahrung für alle zu erbitten. Auch jetzt steht wieder eines dieser Feste an: der Tanz des Luchses, den die Indianer alljährlich zu Beginn der Jagdzeit veranstalten.
Im Tipi von Der-der-alles-weiß hilft Yakari dem Medizinmann, Steine mit bedeutungsvollen Zeichen zu bemalen.
„Diese Steine brauchen wir für die Zeremonie", erklärt Der-der-alles-weiß. „Du weißt ja, dass der Tanz des Luchses jedes Jahr an einem heiligen Felsen stattfindet. Die kleinen Steine, die wir hier bemalen, werden rund um den heiligen Felsen auf die Erde gelegt."
„Weshalb bitten wir eigentlich ausgerechnet einen Luchs um gute Jagdbeute?", erkundigt sich Yakari.
„Die Zeremonie geht auf eine alte Legende zurück", beginnt der Medizinmann zu erzählen. „Vor langer Zeit gab es einmal kein Wild zu jagen. Der Stamm litt unter großem Hunger und wusste nicht, wie er ohne Jagdbeute überleben sollte. Da träumte ein junger Sioux von einem geheimnisvollen Luchs namens Mishipachu."

Der Medizinmann macht eine bedeutungsvolle Pause, bevor er fortfährt: „Im Traum versprach Mishipachu dem Indianerjungen, für die Rückkehr des Wildes zu sorgen. Doch dafür sollte der Junge ihm seinen Mut beweisen."
„Was genau musste der Junge tun?", fragt Yakari gespannt.
Der-der-alles-weiß zuckt mit den Schultern. „Das wurde leider nicht überliefert. Wir wissen nur, dass der junge Sioux dem geheimnisvollen Luchs tagelang folgte. Schließlich rettete er ihm das Leben, indem er ihn vor seinem größten Feind beschützte."
Yakari hat atemlos zugehört. „Und was geschah dann?", möchte er wissen.

Der Medizinmann lächelt versonnen. „Der Luchs führte den Jungen zu einem heiligen Felsen. Nachdem der Junge dort für Mishipachu getanzt hatte, kehrte das Wild zurück und der Stamm war gerettet", erzählt er.

„Jetzt weißt du, weshalb wir jedes Jahr zu Beginn der Jagdzeit den Geist des Luchses ehren und um genug Beute bitten", beendet der Medizinmann seine Erzählung.
„Was für eine spannende Geschichte!", sagt Yakari.
Der-der-alles-weiß nickt. „Nun ist es aber schon sehr spät geworden", stellt er fest. „Wir sollten schlafen gehen."

In dieser Nacht schläft Yakari unruhig und träumt ständig von Mishipachu, dem Luchs aus der Erzählung des Schamanen.

Als Yakari am nächsten Morgen zu Kleiner Donner läuft, steigt am Rand der Pferdekoppel gerade der Medizinmann auf sein Pferd.
„Guten Morgen, Der-der-alles-weiß!", ruft Yakari. „Wo reitest du hin?"
„Zum heiligen Felsen", erwidert der Medizinmann. „Ich muss die Zeremonie vorbereiten."

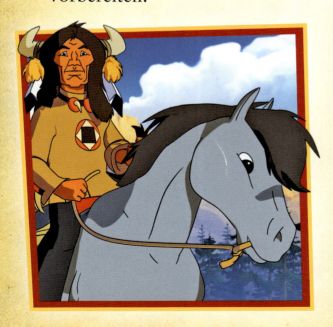

„Darf ich mitkommen?", fragt Yakari.
Der-der-alles-weiß lächelt. „Aber natürlich!"
Gemeinsam machen sie sich auf den Weg zu dem heiligen Felsen, der weit draußen in der Prärie liegt.
Unterwegs verdunkelt sich plötzlich der Himmel. Große schwarze Gewitterwolken ziehen auf und in der Ferne ertönt tiefes Donnergrollen.
„Oje!" Besorgt blickt Der-der-alles-weiß nach oben. „Ich fürchte, das verheißt nichts Gutes."

Während sie auf den heiligen Felsen zureiten, kommt das Gewitter immer näher. Blitz und Donner folgen jetzt dicht aufeinander und plötzlich schlägt vor den Reitern ein Blitz in den heiligen Felsen ein!
Erschrocken weichen die Pferde zurück, doch Sekunden später ist alles schon wieder vorbei.

„Oh nein!", ruft Der-der-alles-weiß und springt vom Pferd. „Schau doch nur, was mit dem Felsen geschehen ist!"
Jetzt sieht es auch Yakari. Der Blitz hat den heiligen Felsen in viele kleine Stücke zerrissen!
„Was für ein Unglück!", klagt der Medizinmann und sinkt auf die Knie. „Jetzt müssen wir einen neuen Felsen finden. Denn ohne heiligen Felsen können wir den Tanz des Luchses nicht aufführen."
Yakari nickt betrübt. „Und ohne den Tanz gibt es kein Wild zu jagen", ergänzt er.

Flehend reckt Der-der-alles-weiß die Hände nach oben. „Mishipachu, Geist des großen Luchses, bitte sende uns ein Zeichen!", hallt der Ruf des Medizinmannes über die Prärie.
In diesem Moment fährt ein weiterer Blitz vom Himmel und schlägt vor Yakari und dem Medizinmann in den Boden ein. Aber was ist das? An der Stelle des Blitzeinschlags erscheint auf einmal ein Luchs!

„Das gibt's doch gar nicht!", staunt Yakari. „Er sieht genau so aus wie der Luchs in meinem Traum!"
Der Luchs wirft Yakari einen auffordernden Blick zu, bevor er sich umdreht und mit geschmeidigen Bewegungen im Wald verschwindet.
Der Indianerjunge holt tief Luft. Der-der-alles-weiß lächelt ihn aufmunternd an. „Es sieht ganz so aus, als hätte Mishipachu dich auserwählt – so wie einst den Helden in der alten Legende", meint der Medizinmann. „Los, Yakari, zeige ihm deine Tapferkeit! Dann wird er dich zu einem neuen heiligen Felsen führen."

Yakari nickt. „Komm, Kleiner Donner!", ruft er. „Wir müssen den Luchs einholen."
Mit Yakari auf dem Rücken galoppiert das Pony schnell wie der Wind los. Die Abdrücke des Luchses sind noch frisch, sodass Kleiner Donner ihnen mühelos folgen kann. Eifrig springt das Pony über Baumstämme, klettert Hänge hinauf und wagt sich durch tiefe Schluchten.

„Der Luchs muss sehr schnell sein", stellt Yakari nach einer Weile fest. „Sonst hätten wir ihn schon längst eingeholt."
Endlich finden sie ihn! Der Luchs ruht auf einem großen Felsen. Sein muskulöser Körper ist mit rotbraunem Fell bedeckt, das im Sonnenlicht leuchtet.
„Was für ein prachtvolles Tier!", flüstert Yakari.
In diesem Moment öffnet der Luchs die Augen. Als er den Indianerjungen und sein Pony sieht, springt er auf und zeigt fauchend seine spitzen Zähne.

Yakari versucht, sich nicht einschüchtern zu lassen.
„Hallo, ich heiße Yakari", sagt er mutig. „Das hier ist Kleiner Donner. Und wie ist dein Name?"
Statt einer Antwort jagt der Luchs mit großen Sprüngen davon.
„Schnell hinterher!", ruft Yakari und Kleiner Donner nimmt sofort die Verfolgung auf.
Elegant setzt der Luchs über Hindernisse und klettert behände an Steilwänden hoch. Kleiner Donner folgt ihm, so gut er kann. Doch auf dem steinigen Untergrund rutscht er mit seinen Hufen immer wieder ab.
Als sie den Luchs wiedersehen, steht dieser hoch über den Freunden auf einem Felsplateau.
„Bist du Mishipachu, der Geist des großen Luchses?", fragt Yakari atemlos.
Endlich ist der Luchs bereit, mit dem kleinen Sioux zu sprechen.
„Ja, ich bin der Luchs aus deinem Traum", sagt er. „Doch wirst du es schaffen, mir deinen Mut zu beweisen, Yakari?"
Nach diesen Worten dreht er sich um und jagt wieder davon.
Kleiner Donner gibt sein Bestes, um den Luchs einzuholen.

Am Ufer eines reißenden Flusses treffen sie sich wieder. Kraftvoll springt der Luchs ins Wasser, stemmt sich gegen die Strömung und schwimmt ans andere Ufer. Als Kleiner Donner ihm folgen möchte, wird er von der Strömung fast fortgerissen. Schnell hastet das Pony ans Ufer zurück. „Das schaffe ich nicht", stellt Kleiner Donner bedauernd fest.

„Das macht doch nichts", meint Yakari und gleitet vom Pferd. „Ich versuche es ohne dich!"
Doch das Wasser reißt ihn sofort mit. Yakari kann sich gerade noch an einem großen Stein festhalten und klettert wieder aus dem Fluss.
„So wird das nichts", seufzt der kleine Sioux.

Unterdessen ist der Luchs längst weitergelaufen.
Die Freunde folgen dem Flusslauf, bis sie einen sicheren Übergang finden.
Müde und erschöpft ziehen sie am anderen Flussufer weiter.
Als die Sonne untergeht, zündet Yakari auf einer Lichtung ein kleines Feuer an.
„Lass uns hier die Nacht verbringen!", sagt er. „Morgen setzen wir die Suche nach Mishipachu fort."

Während sich Kleiner Donner mit frischem Gras stärkt, stochert Yakari gedankenverloren im Feuer herum.

„Wenn ich nur wüsste, wie ich dem Luchs meinen Mut beweisen kann", seufzt er. „Beim Wettrennen haben wir gegen ihn keine Chance. Außerdem kann er hervorragend schwimmen ..."

„... Und er ist ein fast unbesiegbarer Jäger", fügt Kleiner Donner hinzu. Nachdenklich blickt Yakari in die Flammen.

„Aber wenn ich dem Luchs meinen Mut nicht beweise, wird er uns keinen heiligen Felsen zeigen", meint er. „Und ohne die Zeremonie werden unsere Jäger keine Beute finden." Ratlos stützt er den Kopf in die Hände. Was soll er nur tun?

Da taucht am Himmel plötzlich Yakaris Totemtier Großer Adler auf. Ein goldener Lichtschein umgibt ihn, während er mit ausgebreiteten Schwingen über Yakari kreist.

„Großer Adler!", ruft Yakari freudig aus. Sein Totemtier hat ihm schon so oft geholfen!

„Ich grüße dich, Yakari", spricht Großer Adler und landet auf der Lichtung. „Verzweifle nicht, weil du denkst, dass du nicht gut genug bist! Glaube mir, jeder auf der Welt hat vor irgendetwas Angst! Jeder Mensch, jedes Pferd – und sogar Mishipachu."

„Ehrlich?", staunt Yakari.

„Ja, vergiss das nicht!", gibt Großer Adler zurück. Schon breitet er seine gewaltigen Flügel aus und erhebt sich wieder in die Luft.

„Warte doch, Großer Adler!", ruft Yakari. Er hat noch so viele Fragen an sein Totemtier. Aber Großer Adler dreht schon wieder hoch in der Luft seine Runden. Bald ist er am dunklen Nachthimmel nicht mehr zu sehen. Seufzend setzt sich Yakari wieder ans Feuer. Wovon hat Großer Adler wohl gesprochen?

Am nächsten Morgen ziehen Yakari und Kleiner Donner weiter. Bald finden sie wieder Spuren des Luchses. Sie führen über weite Ebenen und schließlich in die Berge hinauf. Unermüdlich stapft Kleiner Donner über unwegsames Geröll, erklimmt felsige Hänge und balanciert über schmale Steinbrücken.

Je höher sie ins Gebirge hinaufsteigen, desto dichter werden die Wolken am Himmel.
„Ich fürchte, da zieht schon wieder ein Gewitter auf", seufzt Yakari.
Aber die Freunde lassen sich nicht aufhalten. Endlich sehen sie auf einem Felsen hoch über sich das rötliche Fell des Luchses leuchten.
„Bald haben wir es geschafft!", meint Yakari. „Halte durch, Kleiner Donner!"
Geschickt klettert sein Pony einen weiteren Felshang hoch.
Als die Freunde oben ankommen, lässt ein lautes Donnergrollen die Felsen erzittern. Nur ein breiter Felsspalt trennt sie noch von dem Luchs, der auf einer Steinplatte sitzt und sie herausfordernd anblickt.
„Dieser Spalt ist das letzte Hindernis", sagt Yakari zu seinem Pony. „Komm, lass uns hinüberspringen!"

Doch in diesem Augenblick schießt ein greller Blitz vom Himmel und trifft einen trockenen Ast, der über dem Luchs aus dem Felsen ragt. Sofort fängt der Ast Feuer. Er bricht mit lautem Krachen ab und fällt vor Mishipachu auf die Steine.

Fauchend springt der Luchs zurück. Mit weit aufgerissenen Augen starrt er auf die Flammen, die von dem Ast nach oben züngeln.

Da begreift Yakari, wovon sein Totemtier gesprochen hat. „Jetzt weiß ich, was Großer Adler meinte", sagt er. „Mishipachu hat Angst vor Feuer. Schnell, Kleiner Donner – wir müssen ihm helfen!"

Mit einem großen Satz springt sein Pony über den Felsspalt. Doch auf der anderen Seite weicht Kleiner Donner tänzelnd vor dem brennenden Ast zurück.

„Mishipachu ist nicht der Einzige, der sich vor Feuer fürchtet", gesteht Yakaris Pony.

„Hab keine Angst!", sagt Yakari beruhigend. „Ich mache das schon!"
Geschickt gleitet der Indianerjunge vom Pferderücken, packt den brennenden Ast und schiebt ihn von dem Luchs und von Kleiner Donner weg. Obwohl die Flammen seinen Händen gefährlich nahe kommen, lässt Yakari nicht los.

Die Hitze des Feuers nimmt ihm fast den Atem, doch der kleine Sioux hält die Luft an und schubst den Ast mit einem kräftigen Stoß über die Felskante. Der Ast landet unten in der Schlucht in einem Bach und das Feuer erlischt.

Unterdessen zieht das Gewitter schon wieder weiter.
„Danke, Yakari!", sagt der Luchs. „Du hast deinen Mut bewiesen und mich vor meinem größten Feind, dem Feuer, beschützt. Bitte komm mit, ich möchte dich zu einem wichtigen Ort führen!"
Erleichtert schwingt Yakari sich auf den Rücken seines Ponys. Kleiner Donner folgt dem Luchs, der sie schließlich im Tal zu einer windstillen Stelle im Schutz einer Felswand führt. Yakari ist sprachlos, als er den Felsen in der Mitte des Platzes sieht. Es ist ein großer Stein in der Form eines Luchskopfes.

„Dies ist der heilige Stein, an dem ihr von nun an den Tanz des Luchses abhalten sollt", verkündet Mishipachu feierlich. „Leb wohl, Yakari – und erhalte dir deinen Mut und deine Unerschrockenheit!"

Gleich am nächsten Abend versammeln sich die Stammesmitglieder rund um den steinernen Luchskopf.
„Danke, Yakari!", sagt Der-der-alles-weiß. „Durch deinen Mut wird unser Stamm auch weiterhin genug zu essen haben. Nun bitte ich dich, die Zeremonie mit dem traditionellen Tanz zu beginnen."

Die Männer, Frauen und Kinder bilden einen großen Kreis um den heiligen Stein. Bald hallen Trommelschläge über die Prärie und Yakari tanzt zu Ehren des großen Luchses um den Stein herum.

Der-der-alles-weiß reckt die Hände gen Himmel und spricht feierlich: „Wir rufen dich, Mishipachu, Geist des großen Luchses! Bitte gewähre uns auch in diesem Jahr reiche Beute bei der Jagd!"
Nach der Feier kehren alle zufrieden ins Indianerdorf zurück.

Als Yakari am nächsten Morgen mit Kleiner Donner ausreitet, entdeckt er ganz in der Nähe des Indianerdorfes eine große Bisonherde. Da weiß er, dass die Zeremonie gewirkt hat und dass sein Stamm dank Mishipachu weiterhin gut versorgt sein wird.

YAKARI VERLIERT SEINE STIMME

Was für ein Regen! Yakari und Kleiner Donner werden beim Ausritt von einem heftigen Wolkenbruch überrascht. Als sie schließlich heimkommen, sind beide völlig durchnässt.
„Brrr, ist mir kalt!", meint Yakari, als er vom Rücken seines Ponys rutscht.
„Du Armer!", bedauert Kleiner Donner ihn. „Uns Pferden macht der Regen nichts aus."
„Hallo Yakari!", dringt da die Stimme des Indianermädchens Regenbogen zu ihnen herüber. „Komm her und stell dich unter!"
Regenbogen steht mit einer schützenden Decke am Koppelzaun.
„Gute Nacht, Kleiner Donner", sagt Yakari und läuft zu seiner Freundin.
„Oje, du bist ja ganz durchgefroren!" Rasch hüllt Regenbogen ihn in die warme Decke.

Yakaris Zähne schlagen aufeinander, während Regenbogen ihn durch den strömenden Regen zu seinem Tipi begleitet.
„Ich fürchte, du hast dich erkältet", meint Regenbogen. „Zieh dir gleich trockene Sachen an und leg dich ins Bett! Ich sage deiner Mutter Bescheid, ja?"
Yakari nickt. „Danke, Regenbogen", erwidert er und schlüpft geschwind in sein Tipi. Er ist froh, wieder zu Hause zu sein!

Kurz darauf sehen seine Mutter Schimmernde Zöpfe und der Medizinmann Der-der-alles-weiß nach Yakari.
„Ich friere so sehr", klagt der Indianerjunge. „Und mein Hals tut weh!"
Der-der-alles-weiß untersucht den Patienten und lächelt ihn aufmunternd an.
„Es ist nicht allzu schlimm", meint der Medizinmann. „Aber du solltest dich gut ausruhen und etwas essen, damit du zu Kräften kommst."

„Ich bringe dir gleich eine stärkende Suppe", sagt Schimmernde Zöpfe.
Yakari nickt dankbar und schließt die Augen. Heute möchte er einfach nur seine Ruhe haben!

Nach der warmen Suppe seiner Mutter fühlt Yakari sich schon ein bisschen besser. Er wickelt sich in seine Decke und ist kurz darauf tief und fest eingeschlafen.

Als Yakari am nächsten Morgen aufwacht, geht es ihm schon viel besser. Knickohr, der wieder einmal in Yakaris Tipi geschlafen hat, streckt sich und sagt: „Guten Morgen, Yakari!" Aber was ist das? Als Yakari den Gruß erwidern möchte, kommt nur ein heiseres Krächzen aus seinem Mund. Er kann zwar die Lippen bewegen, aber nicht sprechen!

Wenig später bekommt Yakari Besuch von Regenbogen. „Ein Glück, du siehst ja schon wieder besser aus", stellt sie fest.
Als Yakari tonlos die Lippen bewegt, versteht Regenbogen gleich, was los ist. „Das hatte ich auch schon mal", sagt sie aufmunternd. „Durch das Halsweh versagt deine Stimme. Aber mach dir nichts draus, Yakari! Wenn die Erkältung verschwindet, kommt auch die Stimme wieder."

Yakari schaut Regenbogen traurig an.

„Schade, dass wir keinen Honig haben", seufzt Regenbogen. „Bienenhonig hilft sehr gut gegen Halsschmerzen."

Dem armen Yakari bleibt nichts anderes übrig, als abzuwarten. Während Regenbogen für ihn nach Kleiner Donner sieht, dreht er sich im Bett um und schläft noch ein bisschen.

Plötzlich wird Yakari von einer aufgeregten Stimme geweckt. „Schnell, Yakari! Ich brauche deine Hilfe!" Ein Streifenhörnchen ist in sein Tipi geschlüpft und auf Yakaris Bett geklettert.

Der kleine Sioux richtet sich auf und versucht, etwas zu sagen. Aber nach wie vor kommt kein Ton über seine Lippen.

Das Streifenhörnchen kümmert sich nicht weiter darum, sondern redet einfach weiter. „Ein Schwarm Fledermäuse hat meine Höhle besetzt und will dort bleiben", jammert es. „Bitte, Yakari – du musst sie für mich verscheuchen, ja?"

Natürlich möchte Yakari seinem kleinen Freund helfen! Schweigend steht er auf und läuft mit dem Streifenhörnchen zur Pferdekoppel.

„Hallo Yakari!" Als Kleiner Donner seinen Freund sieht, kommt er sofort zum Zaun. „Wie geht's dir denn?"

Yakari deutet mit dem Finger auf seinen Mund und schüttelt den Kopf.

Das Streifenhörnchen ruft: „Er kann nicht reden, aber du sollst uns schnell zu meiner Höhle im Wald bringen!"

Kleiner Donner zögert. Doch als Yakari mit dem Streifenhörnchen auf seinen Rücken klettert, trägt er die beiden in den Wald.

Bald erreichen sie den felsigen Hang, an dem die Höhle des Streifenhörnchens liegt. Flink huscht das Hörnchen nach oben.

„Nun komm schon, Yakari!", drängt es. „Du willst mir doch helfen, oder?"

Yakari springt vom Pferderücken und klettert dem Streifenhörnchen nach. Bald verschwindet das kleine Tier in seiner Höhle. Da flattert eine ganze Fledermausfamilie heraus. Aufgeregt schwirren die Fledermäuse um Yakari herum. Oje, sie bringen ihn aus dem Gleichgewicht! Yakari stürzt in die Tiefe und bleibt am Fuß des Hanges reglos liegen.

„Yakari, ist dir etwas passiert?" Besorgt beugt sich Kleiner Donner über seinen Freund.

Yakaris Augen sind geschlossen, doch wie im Traum sieht er plötzlich sein Totemtier Großer Adler auf sich zufliegen. Ein goldener Lichtschein umgibt den Adler, als er zu Yakari spricht.

„Deine Stimme wird wiederkommen, wenn es dir gelingt, dich in Geduld zu üben", verkündet Großer Adler. „Doch auch ohne Stimme kannst du den Tieren helfen. Gib gut acht und finde heraus, wie der Ärger des einen Tieres zum Glück eines anderen führen kann!"

Nach diesen Worten erhebt sich Großer Adler wieder in die Luft und steigt in den Himmel auf.
Verwirrt öffnet Yakari die Augen.
„Ein Glück, ich hatte solche Angst um dich!" Kleiner Donner schnaubt erleichtert. Während Yakari sich aufrichtet, plappert das Streifenhörnchen schon wieder los.
„Kannst du dich jetzt endlich um meine Höhle kümmern?", quengelt es. „Denk daran, was du mir versprochen hast!"

Nun platzt Kleiner Donner der Kragen. „Yakari hat dir gar nichts versprochen, du Nervensäge!", ruft er. „Er muss sich erst mal ausruhen."
„Na toll!", meckert das Streifenhörnchen. „Und wo soll ich mich ausruhen, wenn die Fledermäuse in meiner Höhle wohnen?"
Yakari blickt von einem zum anderen. Er hätte so gerne etwas gesagt, aber er denkt an die Worte von Großer Adler und versucht, geduldig zu bleiben.
Als der Indianerjunge auf Kleiner Donner klettert, schnaubt das Pony zufrieden.

„Jetzt trage ich dich ins Dorf zurück und du legst dich wieder ins Bett", schlägt Kleiner Donner vor.
Aber Yakari schüttelt den Kopf und deutet auf das Streifenhörnchen.
„Du meinst, wir sollen es mitnehmen?" Kleiner Donner seufzt.
Hoffnungsvoll blickt das Streifenhörnchen zu Yakari hoch. Als er nickt, klettert es geschickt auf Kleiner Donner und hält sich an Yakaris Hemd fest.
„Also schön", meint Kleiner Donner. „Du darfst heute Nacht bei Yakari bleiben."
„Vielen Dank, meine Freunde!", ruft das Streifenhörnchen.

Zufrieden schlägt Kleiner Donner den Heimweg ein. Doch schon an der nächsten Wegkreuzung tippt Yakari ihn mit dem Finger an und zeigt nach links.
„Dorthin soll ich laufen?", fragt Kleiner Donner überrascht. „Aber da geht es nicht zum Dorf, sondern zum Berg des Bären."
Als Yakari weiter in diese Richtung zeigt, biegt Kleiner Donner widerstrebend ab.
Bald erreichen sie den Fluss, an dem der Bär Fischbeißer wohnt.
Kleiner Donner kennt sich gut aus. Nach einem kurzen Marsch flussaufwärts stehen sie vor der Bärenhöhle.
„Nanu, wen sehe ich denn da?"
Als der Bär seine Freunde entdeckt, strahlt er übers ganze Gesicht. „Wie schön, dass ihr mal wieder vorbeikommt!"
Herzlich drückt er Yakari an sich.

Kleiner Donner erklärt: „Yakari hat sich erkältet und kann nicht reden. Doch statt sich auszuruhen, wollte er dich besuchen."
„So ist Yakari eben", lacht Fischbeißer. „Er weiß, dass ich mich oft langweile und dass mich die Einsamkeit quält, wenn ich meine Freunde lange nicht sehe."
Yakari schaut sich in der Höhle um. Endlich entdeckt er, was er gesucht hat: In der Vorratsecke von Fischbeißer liegen Bienenwaben mit goldgelbem Honig! Der Indianerjunge deutet auf den Honig und blickt den Bären fragend an.
„Du möchtest Honig haben?", meint Fischbeißer. „Aber gerne! Nimm dir, so viel du willst!"
Das lässt Yakari sich nicht zweimal sagen. Schon drückt er etwas Honig aus den Waben und schluckt ihn langsam herunter. Was für eine Wohltat!

Nun richtet Yakari sich in einer Ecke der Bärenhöhle ein Schlaflager ein. Der Bär freut sich sehr, dass die Freunde noch eine Nacht bleiben. „Es ist so schön, einmal nicht allein zu sein", seufzt er glücklich.
Kurz darauf sind alle tief und fest eingeschlafen.

Als Yakari am nächsten Morgen aufwacht, kann er wieder sprechen! „Juhu, meine Stimme ist zurückgekehrt!", jubelt er. „Regenbogen hatte recht! Bei Halsschmerzen bewirkt Honig echte Wunder."
Die Tiere freuen sich mit Yakari, doch der Bär ist auch traurig, weil die Besucher nun wieder aufbrechen wollen.

„Mein Totemtier hat gesagt, dass der Ärger des einen Tieres zum Glück des anderen führen kann", berichtet Yakari. „Warte nur, Fischbeißer – du wirst bald viele neue Freunde in deiner Höhle haben!"
Der Bär blickt ihn fragend an, doch mehr verrät Yakari nicht. Fröhlich schwingt er sich auf sein Pony und reitet mit dem Streifenhörnchen davon.

Jetzt, wo Yakari wieder sprechen kann, ist alles ganz einfach. Bei der Höhle des Streifenhörnchens erklärt er den Fledermäusen seinen Plan.
„Ich kenne eine Höhle mit sehr viel Platz und einem netten Mitbewohner", verspricht er. „Soll ich sie euch zeigen?"

„Au ja, gerne!" Die Fledermäuse sind begeistert.

Yakari wendet sich noch einmal an das Streifenhörnchen. „Nun hast du dein Zuhause wieder ganz für dich", meint er.

„Vielen Dank, Yakari!" Zufrieden rollt sich das Streifenhörnchen zusammen.

Diesmal muss Yakari seinem Pony nicht den Weg zeigen. Kleiner Donner hat den Plan des kleinen Sioux längst verstanden. Zielstrebig führt er die Fledermäuse zur Höhle des Bären, der schon sehnlichst auf die Rückkehr der Freunde gewartet hat.

„Sieh mal, wen wir dir mitgebracht haben!", ruft Yakari und deutet auf die Fledermäuse. Fröhlich schwirren die Fledermäuse um den Bären herum. „Yakari hat gesagt, dass ein Riese unsere Gesellschaft brauchen könnte", sagt eine von ihnen. „Möchtest du deine Höhle mit uns teilen?"
„Aber gerne", erwidert Fischbeißer. „Herzlich willkommen, meine Freunde! Kommt, ich zeige euch euer neues Zuhause!"

Bald machen sich Yakari und Kleiner Donner auf den Heimweg.
„Zum Glück regnet es heute nicht", meint Kleiner Donner unterwegs. „Ich bin sehr froh, dass du wieder sprechen kannst!"
„Und ich erst!", seufzt Yakari aus tiefstem Herzen.

EIN FREUND FÜR WIRBELWIND

Was ist nur mit dem Indianermädchen Regenbogen los? Yakaris Freundin sieht ganz bekümmert aus!

„Ich muss dir etwas erzählen", sagt Regenbogen zu Yakari. „Aus unseren Vorratstipis verschwindet ständig Fleisch. Ich mache mir große Sorgen, denn ich bin zurzeit ja für die Vorräte zuständig."

Yakari blickt sie erschrocken an. „Meinst du etwa, in unserem Dorf gibt es Diebe?" Regenbogen schüttelt den Kopf. „Das glaube ich nicht. Es fehlt jeden Tag nur ein kleines bisschen Fleisch. Vielleicht bedient sich da irgendein Tier." Sie seufzt. „Wenn die Jäger das mitbekommen, werden sie kurzen Prozess machen."

„Oje!", meint Yakari. „Wir müssen den Täter erwischen, bevor die Jäger etwas merken! Überlass das ruhig mir, Regenbogen! Kleiner Donner und ich werden die Vorräte bewachen, bis der Dieb auftaucht."

„Danke, Yakari!" Das Indianermädchen sieht sehr erleichtert aus. „Ich wusste, dass du mir hilfst."

Kleiner Donner hat mitgehört, was Regenbogen von dem geheimnisvollen Vorratsschwund erzählt hat.
„Worauf warten wir noch?", meint er. „Komm, wir verstecken uns in der Nähe der Vorratstipis!"

Gesagt, getan! Bald verbergen sich Yakari und Kleiner Donner hinter einigen Holzbündeln. Von hier aus können sie die Tipis mit den Vorräten gut beobachten.
Immer wieder nähern sich Stammesmitglieder, die zufällig hier vorbeikommen. Jedes Mal halten Yakari und Kleiner Donner den Atem an. Ist einer von ihnen

der Vorratsdieb? Doch alle lassen die Tipis links liegen und gehen ihrer Wege.
„Ein Glück!", flüstert Yakari. „Hoffentlich nimmt niemand aus unserem Stamm das Fleisch weg."
„Irgendjemand muss aber doch der Täter sein", gibt Kleiner Donner zu bedenken.
Nun sind die beiden wieder still und spähen zu den Tipis hinüber. Früher oder später wird sich der Dieb blicken lassen, so viel ist sicher!

Nach einer Weile taucht erneut jemand in der Nähe der Vorratstipis auf. Es ist der Indianerjunge Wirbelwind. Mit klopfendem Herzen beobachten Yakari und Kleiner Donner, wie Wirbelwind vor dem Tipi mit den Fleischvorräten stehen bleibt und sich nach allen Seiten umsieht.
„Das gibt's doch nicht!", flüstert Yakari, als der Indianerjunge leise in das Tipi schlüpft.
„Sieht ganz so aus, als hätten wir den Dieb gefunden", raunt Kleiner Donner. Wenige Augenblicke später kommt Wirbelwind wieder aus dem Zelt. Mit einem kleinen Beutel in der Hand läuft er schnell davon.

„Er scheint wirklich etwas mitgenommen zu haben", stellt Yakari fest. „Aber warum? Komm, Kleiner Donner – das finden wir heraus!"
Er schwingt sich auf den Rücken seines Ponys und die Freunde folgen Wirbelwind in den Wald. Dabei halten sie so viel Abstand, dass der Junge sie nicht bemerkt.

Auf einer Lichtung bleibt Wirbelwind stehen und stößt laute Lockrufe aus. Yakari und Kleiner Donner verbergen sich im Gebüsch und spähen durch die Zweige. Wen ruft Wirbelwind denn da?
Schon raschelt es im Laub und ein Fuchs kommt aus seinem Versteck. Freudig trabt er auf Wirbelwind zu und streicht um ihn herum.

Der Indianerjunge strahlt übers ganze Gesicht. „Schön, dass du gekommen bist, Weißschwanz!", freut er sich. „Sieh nur, ich habe dir was mitgebracht!" Er holt ein Stück Fleisch aus seinem Beutel und gibt es dem hungrigen kleinen Fuchs.

Während dieser sich gierig darüber hermacht, streicht Wirbelwind liebevoll über sein Fell.
Yakari seufzt. „Na also", sagt er laut. „Rätsel gelöst!"
Der Fuchs, der die Stimme gehört hat, zuckt erschrocken zusammen und läuft blitzschnell davon.
„Bleib doch noch, Weißschwanz!", ruft Wirbelwind ihm nach.
Aber da ist der Fuchs schon längst im Unterholz verschwunden.
„Hallo Wirbelwind!", sagt Yakari und tritt gemeinsam mit Kleiner Donner aus seinem Versteck auf die Lichtung hinaus.
Wirbelwind starrt die beiden entgeistert an. „Was macht ihr denn hier?", stößt er hervor.
„Das möchte ich dich gerne fragen", erwidert Yakari freundlich. „Weshalb nimmst du von unseren Vorräten, um einen Fuchs zu füttern?"

Wirbelwind schlägt beschämt die Augen nieder. „Ich habe mir schon immer gewünscht, mit einem Tier Freundschaft zu schließen", protestiert er leise. „Du hast ja Kleiner Donner als Freund und Regenbogen hat Großer Grauer." Der Junge schluckt.

Yakari lächelt ihn an. „Es ist wunderbar, mit einem Tier befreundet zu sein", meint er. „Aber eine Freundschaft mit einem Wildtier kann schnell gefährlich werden. Erzähl schon, wie hast du Weißschwanz kennengelernt?"
Wirbelwind holt tief Luft. „Vor ein paar Tagen saß ich auf einem Ast hier im Wald und habe meinen Proviant gegessen", berichtet er. „Da tauchte der Fuchs plötzlich auf und kam näher." Bei der Erinnerung lächelt der Junge. „Weil er so zutraulich war, habe ich ihm mein Fleisch gegeben. Seitdem treffen wir uns jeden Tag hier im Wald."
Wirbelwinds Augen leuchten. „Ich habe den Fuchs Weißschwanz genannt, weil ein Freund ja auch einen Namen braucht."

Yakari überlegt sich seine Worte ganz genau. „Ich verstehe gut, dass du Weißschwanz in dein Herz geschlossen hast", beginnt er vorsichtig. „Aber es ist keine gute Idee, ein Wildtier mit Futter anzulocken."

„Warum denn nicht?", ruft Wirbelwind. „Er freut sich doch so sehr, wenn ich ihm einen Leckerbissen mitbringe."

„Das schon", meint Yakari. „Doch wenn du ihn immer wieder fütterst, wird er seinen Jagdinstinkt verlieren."

„Das stimmt nicht!", ruft Wirbelwind empört und wendet Yakari den Rücken zu. „Du bist ja nur neidisch, weil der Fuchs jetzt mein Freund ist."

„Aber nein", versichert Yakari. „Ich möchte einfach nur verhindern, dass du ihm aus Versehen schadest!"

Doch das hört Wirbelwind schon nicht mehr. Er lässt Yakari einfach stehen und rennt zum Indianerdorf zurück.

Nachdenklich blicken sich Yakari und Kleiner Donner an.

„Lass ihn erst mal in Ruhe!", rät Kleiner Donner. „Er will nicht hören, dass er seine Freundschaft zu dem Fuchs schon wieder beenden muss."

Yakari nickt. „Ich wünsche ihm von Herzen ein Tier als Freund", seufzt er. „Aber dem Fuchs tut eine Freundschaft zu einem Menschen einfach nicht gut."

Es ist tief in der Nacht, als Yakari plötzlich aus dem Schlaf hochschreckt. Was war das? Ein seltsames Geräusch hat ihn geweckt. Sind das Tierlaute? Vorsichtig streckt Yakari seinen Kopf aus dem Tipi. Oje, da steht der Fuchs aus dem Wald vor Wirbelwinds Tipi und stößt bellende Laute aus!

Gähnend kommt Wirbelwind aus seinem Zelt. „Weißschwanz!", flüstert er überrascht. „Was machst du denn hier? Bist du meiner Spur gefolgt, weil du Hunger hast?"
Laut bellend springt der Fuchs um seinen zweibeinigen Freund herum.
„Pssst, nicht so laut!", raunt Wirbelwind. „Du weckst ja das ganze Dorf auf."
Da ertönt zwischen den Tipis auch schon die Stimme des Jägers Stolze Wolke. „Was ist das denn für ein Krach?", ruft er.
„Sei still!", zischt Wirbelwind dem Fuchs zu. „Wenn die Jäger dich hier sehen, dann …"
Doch natürlich versteht der Fuchs ihn nicht. Statt leiser zu werden, bellt er noch lauter.

Yakari überlegt blitzschnell. Stolze Wolke wird jeden Moment hier sein. Wie sollen sie ihn davon abhalten, den Fuchs mit Pfeil und Bogen zu jagen?

Kurz entschlossen springt Yakari aus seinem Tipi und ist mit zwei großen Sätzen bei dem Fuchs.

„Verschwinde!", ruft er laut und wedelt mit den Armen, um das Tier zu verscheuchen. „Weg hier! Aber schnell!"

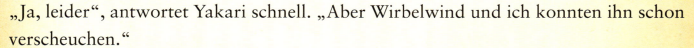

Der Fuchs, der Yakari nicht kennt, weicht misstrauisch zurück. Genau in dem Augenblick, in dem Stolze Wolke auftaucht, läuft der Fuchs davon.

Yakari und Wirbelwind atmen auf.

Stolze Wolke fragt: „War das ein Fuchs? Hat er euch auch aufgeweckt?"

„Ja, leider", antwortet Yakari schnell. „Aber Wirbelwind und ich konnten ihn schon verscheuchen."

Der Jäger nickt zufrieden. „Dann lasst uns wieder schlafen gehen!" Nach diesen Worten verschwindet er wieder.

„Danke, Yakari!", sagt Wirbelwind leise. „Du hast Weißschwanz gerettet."

„Das hab ich gerne getan", versichert Yakari. „Ich fürchte nur, dass er sich zu sehr an dein Futter gewöhnt hat. Dadurch hat er sich heute Nacht in Gefahr begeben."

Wirbelwind senkt den Blick. „Du hast ja recht", murmelt er.

„Wenn du ihm wirklich ein Freund sein willst, darfst du ihn nicht mehr treffen", erklärt Yakari mit fester Stimme. „Lass uns morgen in den Wald gehen und dafür sorgen, dass er nicht mehr zu dir kommt!"

Wirbelwind schluckt, doch er willigt ein. Wenig später legen sich beide Jungen wieder schlafen.

Am nächsten Morgen trifft Yakari auf Regenbogen. Das Indianermädchen sieht niedergeschlagen aus. „Guten Morgen, Yakari", sagt Regenbogen. „Stell dir vor, es ist schon wieder Fleisch verschwunden! Diesmal sogar richtig viel."
„Oh nein!", stöhnt Yakari.
„Aber keine Sorge, Regenbogen – das hört ganz bald auf!"

Schnell wie der Wind reitet Yakari mit Kleiner Donner in den Wald.
„Sicher hat Wirbelwind das Fleisch als Abschiedsgeschenk für den Fuchs mitgenommen", meint er unterwegs. Kleiner Donner schnaubt zustimmend. „Hoffentlich lockt er damit nicht noch andere hungrige Tiere an!"
Bald erreichen sie die Waldlichtung, auf der Wirbelwind gerade den Fuchs begrüßt. Aber was ist das? Auf einmal

schleicht ein riesiger Luchs heran. Als er das Fleisch in Wirbelwinds Beutel wittert, faucht er laut und seine Augen blitzen gefährlich auf.
Kleiner Donner und Yakari bleiben am Rand der Lichtung stehen. Atemlos beobachten sie, was geschieht.
Plötzlich geht alles ganz schnell. Mit einem gewaltigen Satz springt der Luchs auf Wirbelwind zu. Fast gleichzeitig reißt Weißschwanz dem Indianerjungen den Beutel aus der Hand und rennt davon. Sofort jagt der Luchs hinter dem Fuchs her.

„Oh nein!" Als Wirbelwind sich Hilfe suchend umschaut, entdeckt er Yakari und Kleiner Donner am Rand der Lichtung.

„Gut, dass ihr da seid!", ruft er. „Schnell, ihr müsst Weißschwanz retten! Er hat sich das Fleisch nur geschnappt, um den Luchs von mir wegzulocken. Aber gegen einen Luchs hat er doch keine Chance, Weißschwanz ist ja viel kleiner."

Yakari zögert. „Und was ist mit dir?", fragt er.

„Ich bringe mich auf einem Baum in Sicherheit", erwidert Wirbelwind. „Nun macht schon, mir passiert bestimmt nichts!"

„Also gut", meint Yakari. „Wir kommen so schnell wie möglich zurück."

Kleiner Donner schießt los, dass seine Hufe nur so über den Waldboden trommeln. Yakari und Kleiner Donner bleiben dem Fuchs und dem Luchs dicht auf den Fersen, um notfalls eingreifen zu können.

Armer Weißschwanz! Seine Flanken beben und sein Atem geht stoßweise. Gehetzt sieht er sich um.

Der Luchs aber denkt gar nicht daran, die Verfolgung aufzugeben. Immer näher und näher schließt er zu dem Fuchs auf.

„Ich glaube, Weißschwanz kann gleich nicht mehr", sagt Yakari leise zu Kleiner Donner. „Wir müssen ihm helfen."

Er ruft dem Fuchs zu: „Der Luchs will an den Beutel mit dem Fleisch. Schnell, wirf ihn mir zu, dann wird er dich in Ruhe lassen!"

Weißschwanz zögert kurz, dann schleudert er den Beutel zu Yakari hinüber, der ihn geschickt auffängt. „Nichts wie weg hier!", treibt Yakari sein Pony an und Kleiner Donner galoppiert los, so schnell er kann. Als der Luchs begreift, dass nun der Indianerjunge den Beutel mit dem begehrten Fleisch in den Händen hält, fletscht er zornig die Zähne. Schon lässt er den Fuchs in Ruhe und rast stattdessen hinter Kleiner Donner her. Eine wilde Verfolgungsjagd beginnt.

Kleiner Donner zeigt, was in ihm steckt. Mit wehender Mähne prescht er aus dem Wald und fliegt förmlich über die Prärie.
Endlich geht dem Luchs die Puste aus und er lässt sich erschöpft auf den Boden fallen. „Geschafft!", jubelt Yakari. „Das hast du toll gemacht, Kleiner Donner!"

Nun kehren die Freunde zu der Lichtung zurück, auf der sie Wirbelwind zurückgelassen haben.
Unterwegs begegnen sie Weißschwanz. „Danke, dass ihr den Luchs von mir weggelockt habt!", sagt der Fuchs. „Ich dachte, ich wäre schlauer als er, aber das war ein Irrtum."
Yakari meint: „Deine Instinkte sind schwach geworden, weil unser Freund dich mit Futter versorgt hat."
Der Fuchs lässt den Kopf hängen. „Ich werde den Indianerjungen nie mehr um Futter anbetteln", verspricht er. „Aber er wird mir fehlen."
Das verstehen Yakari und Kleiner Donner natürlich, dennoch gibt es einfach keine andere Lösung.
Bald erreichen sie die Lichtung, auf der Wirbelwind wartet. Der Junge ist sehr erleichtert, als er hört, dass die Freunde den Luchs abgeschüttelt haben.
Nun klettert er hinter Yakari auf Kleiner Donner.

Am Waldrand treffen sie noch einmal den Fuchs.
„Leb wohl, Weißschwanz!", ruft Wirbelwind. „Ich wünsche dir alles Gute!" Der Fuchs bellt zum Abschied.

Im Indianerdorf bringt Wirbelwind das Fleisch zu Regenbogen und entschuldigt sich, dass er es genommen hat.
„Schon gut", sagt Regenbogen. „Danke, dass du es zurückbringst."

Yakari, der inzwischen bei der Pferdeweide war, kommt mit einer Überraschung zurück. „Sieh nur, Wirbelwind!", verkündet er. „Dieses Fohlen hier sucht einen Freund."
Glücklich schließt Wirbelwind das rotbraune Fohlen in die Arme. „Ich werde immer gut für dich sorgen", verspricht er dem Pferdekind.
„Aber Weißschwanz werde ich trotzdem nie vergessen!"

DER FLIEGENDE BÄR

„Aus dem Weg, hier komme ich!" Das Bärenjunge Honigtau sitzt hoch oben in einer Baumkrone und breitet die Arme aus.

Yakari ruft erschrocken: „Nein, Honigtau! Bitte spring nicht!"

Doch zu spät! Schon lässt sich der kleine Bär vom Baum fallen.

Yakari springt blitzschnell vom Pferd und versucht, Honigtau aufzufangen. Das Bärenjunge reißt seinen zweibeinigen Freund mit und die beiden kugeln ein Stück über die Wiese.

„Alles in Ordnung?", fragt Kleiner Donner besorgt.

„Mir geht's gut", versichert Yakari und rappelt sich auf.

„Und mir erst!", ruft Honigtau. „Habt ihr das gesehen? Ich bin geflogen!"

Kleiner Donner schnaubt verächtlich. „Du bist wie ein Stein vom Baum gefallen", erklärt er. „Zum Glück war Yakari da und hat den Sturz abgefangen."
Doch Honigtau hört gar nicht richtig zu. Sehnsüchtig blickt er zu einigen Vögeln hinauf, die am Himmel kreisen. „Ach, könnte ich doch nur fliegen wie sie!", seufzt er.

Yakari sagt: „Aber Honigtau! Bären sind nun mal nicht zum Fliegen geschaffen."
„Ich schon!", ruft Honigtau trotzig und läuft davon.
Nachdenklich blickt Yakari ihm nach. „Armer Honigtau!", meint er. „Ich glaube, ich weiß, womit ich ihm eine Freude bereiten kann."

Auf dem Rückweg ins Indianerdorf sammelt Yakari einige Stöcke auf.
„Was hast du denn vor?", möchte Kleiner Donner wissen.
„Das wirst du gleich sehen", erwidert der Indianerjunge. „Es wird eine Überraschung für Honigtau."
Im Indianerdorf nimmt die Überraschung bald Gestalt an. Geschickt bindet Yakari die Stöcke zusammen und spannt eine Tierhaut darüber. Die Sonne geht schon unter, als er fertig ist. Yakari hat für Honigtau ein wunderschönes Fluggerät gebaut!

„Das ist wirklich eine tolle Überraschung", staunt Kleiner Donner. „Binde doch noch eine Liane daran, damit der Wind das Ding nicht davonträgt."
„Gute Idee!", findet Yakari und gähnt. „Und morgen probieren wir gleich aus, ob es fliegt!"

Am nächsten Tag machen sich Yakari und sein Pony auf den Weg zu einem hohen Felsen. Hoch oben über der Prärie lässt Yakari das Fluggerät vom Wind geschickt in den Himmel hinauftragen.
„Juhu, es klappt!", ruft der Indianerjunge. Lustig tanzt das selbst gebaute Fluggerät in der Luft.

Nicht weit von dem Felsen entfernt liegt das Flussufer, an dem das Bärenjunge Honigtau gerade Fische fängt. Als der kleine Bär das seltsame Gerät in der Luft entdeckt, staunt er nicht schlecht. Sofort läuft er los, um sich das geheimnisvolle Ding aus der Nähe anzusehen.

Honigtau ist völlig aus der Puste, als er bei Yakari und Kleiner Donner auf dem Felsen ankommt. Er hat nur Augen für das wunderbare Flatterding, das Yakari an einer langen Liane festhält.
„Was hast du da, Yakari?", ruft Honigtau aufgeregt. „Wie machst du das?"
Der Indianerjunge reicht ihm das Ende der Liane. „Ich habe das Gerät für dich gebaut", sagt er. „Es gehört dir."

„Oh, danke!" Der kleine Bär kann sein Glück kaum fassen. Stolz hält er die Liane fest und blickt zu dem luftigen Wunderding hinauf, das vom Wind hin und her getragen wird.

Yakari und Kleiner Donner wechseln zufriedene Blicke. „Hoffentlich hat er damit so viel Spaß, dass er mit seinen Flugversuchen aufhört", meint Kleiner Donner.

Und das wünscht sich Yakari auch!
Allmählich wird der Wind immer stärker und der Himmel verdunkelt sich.
„Oje!", seufzt Yakari. „Ich fürchte, da braut sich ein Gewitter zusammen."
Da packt plötzlich ein starker Windstoß das Fluggerät und reißt es nach oben. Der kleine Bär, der die Liane immer noch in den Pfoten hält, wird einfach mitgeschleift.
„Pass auf, Honigtau!", ruft Yakari. „Hol das Fluggerät schnell herunter!"

Doch das Bärenjunge ist nicht stark genug. Immer weiter schlittert es über den Felsen. Yakari rennt hinterher, aber er schafft es nicht, Honigtau rechtzeitig einzuholen.

Immer näher und näher rutscht das Bärenjunge an die Felskante heran, hinter der ein tiefer Abgrund klafft.

Yakari schnappt erschrocken nach Luft. „Du musst loslassen, Honigtau!", ruft er verzweifelt.

Doch der kleine Bär umklammert die Liane mit aller Kraft.

Nur ein schmaler Felsstreifen trennt das Bärenjunge noch von dem Abgrund.

Der Wind zerrt das Fluggerät immer weiter.

Yakari kann fast nicht mehr hinsehen. „Lass die Liane los!", fleht er den kleinen Bären an.

In diesem Augenblick geschieht es: Das Fluggerät wird vom Wind noch höher in die Luft gewirbelt und der kleine Bär verliert den Boden unter den Füßen.

Yakari bleibt fast das Herz stehen, als Honigtau über die Felskante segelt. Doch zum Glück stürzt das Bärenjunge nicht in die Tiefe, sondern wird weiter in die Höhe getragen.

„Ich fliege!", staunt der kleine Bär.

„Halt dich gut fest, Honigtau!", ruft Yakari hinter ihm her. „Bestimmt legt sich der Wind bald und du kannst wieder landen."

Während das Bärenjunge immer weiter davonschwebt, lässt sich Yakari verzweifelt auf den Boden fallen.

„Das ist alles meine Schuld", stöhnt er. „Hätte ich ihm das Ding doch nur nicht geschenkt!"

„Du hast es ja nur gut gemeint", sagt Kleiner Donner aufmunternd. „Und nun komm, wir dürfen ihn nicht aus den Augen verlieren!"

Yakari richtet sich auf und streicht dankbar über das weiche Fell seines Ponys. „Du hast recht", erwidert er und strafft die Schultern. „Schnell hinterher!"

Mit Yakari auf dem Rücken folgt Kleiner Donner dem Bärenkind. Während Honigtau vom Wind über Berge und Täler getragen wird, zucken am Himmel grelle Blitze auf und der Donner lässt die Felsen erzittern.

Honigtau baumelt hilflos an der Liane und wird mal nach links und mal nach rechts geschleudert. Plötzlich gefällt ihm das Fliegen gar nicht mehr und er bekommt es mit der Angst zu tun.

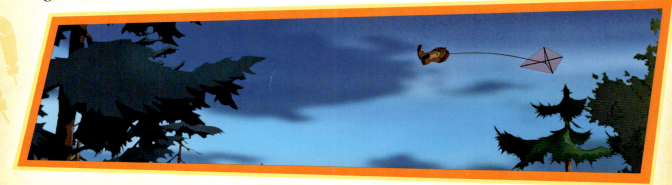

„Hilfe!", schreit er durch das Tosen des Windes. „Ich will hier runter! Hilfe!"

Gut, dass Kleiner Donner und Yakari ganz in seiner Nähe sind!

„Halte durch, Honigtau!", ruft Yakari zu ihm hinauf. „Du darfst nicht loslassen! Auf keinen Fall, hörst du?"

Verzweifelt klammert sich Honigtau fest. Bald trägt der Wind ihn über eine zerklüftete Landschaft hinweg.

Oje! Die hoch aufragenden Felsen sorgen dafür, dass Yakari und Kleiner Donner das Bärenjunge aus den Augen verlieren!

„Schnell, Kleiner Donner!", sagt Yakari. „Wir müssen ihn wiederfinden."

Zum Glück kann sich Yakari auch diesmal auf sein Pony verlassen. Zielsicher findet Kleiner Donner zwischen Steilwänden und Schluchten den besten Weg.

„Honigtau?", ruft Yakari immer wieder. „Wo bist du?"

Doch statt einer Antwort wird nur das Echo seiner eigenen Stimme von den Felsen zurückgeworfen.

Endlich legt sich der Wind und der Himmel wird wieder heller. Aber wo steckt Honigtau? Das Bärenjunge ist spurlos verschwunden!

Auf einmal bleibt Kleiner Donner wie angewurzelt stehen. Zwischen den Felsen trudelt das Fluggerät durch die Luft und landet genau vor den Freunden.

„Oh nein!", stöhnt Yakari und springt vom Pferderücken. Suchend blickt er sich um.

„Honigtau!", ruft er, so laut er kann.

Da hören die Freunde endlich die Stimme des Bärenjungen. „Yakari! Kleiner Donner! Ich bin hier oben auf der Felsspitze."

Den Freunden fällt ein Stein vom Herzen, als sie Honigtau entdecken. Der kleine Bär klammert sich auf der anderen Seite einer tiefen Felsspalte an einen hohen Felsen. „Bitte holt mich hier runter!", jammert Honigtau. „Ich kann mich kaum noch halten."

„Wir helfen dir", versichert Yakari und schaut sich suchend um. Als sein Blick auf die Liane an dem Fluggerät fällt, hat er eine Idee.
Eilig bindet Yakari das eine Ende der Liane an einen Baumstumpf. Am anderen Ende knüpft er eine Schlinge, die er wie ein Lasso über einen Felsen neben Honigtau wirft. Yakaris Plan geht auf. Die Liane ist nun straff zwischen dem Baumstumpf und der Felsspitze gespannt. Aber wird es dem Indianerjungen gelingen, an der Liane entlang über die Felsspalte zu klettern?
Schaudernd blickt Kleiner Donner in den Abgrund hinunter. „Pass gut auf dich auf und sei bloß vorsichtig, Yakari!", sagt Kleiner Donner, als Yakari sich auf den Weg macht.

Stück für Stück hangelt sich Yakari nach oben. Atemlos sehen Honigtau und Kleiner Donner zu, wie der Siouxjunge den Abgrund überwindet. Bald kommt Yakari bei Honigtau an.
„Los, klettere auf meinen Rücken und halte dich fest!", fordert er den kleinen Bären auf.

Aber Honigtau zittert vor Angst. „Das kann ich nicht", klagt er. „Ich fürchte mich so sehr."

„Du schaffst das!", sagt Yakari. „Schmiege dich einfach fest an mich und mach die Augen zu!"

Da gibt sich das Bärenjunge einen Ruck und springt auf Yakaris Rücken.

„Toll gemacht!", lobt Yakari. „Achtung, jetzt geht's los!"

Noch ehe Honigtau etwas erwidern kann, lässt Yakari sich mit ihm an der Liane nach unten sausen. Einen Augenblick später landen sie neben Kleiner Donner.

„Das war großartig, Yakari!", ruft Kleiner Donner.

Honigtau sagt nichts, doch seine leuchtenden Augen verraten, dass ihm zumindest der letzte Teil des Abenteuers gefallen hat.

Yakari hat allerdings noch etwas auf dem Herzen. Mit ernster Miene wendet er sich an den kleinen Bären.

„Es tut mir sehr leid, dass mein Fluggerät dich mitgerissen hat", sagt er. „Das war alles meine Schuld, ich hätte es dir nicht schenken dürfen."

„Sag doch so was nicht!", entgegnet Honigtau. „Jetzt weiß ich endlich, wie sich die Vögel in der Luft fühlen." Leise fügt er hinzu: „Ich hatte aber auch ganz schön Angst. Ganz sicher werde ich nie wieder Vogel spielen, das verspreche ich euch."

Yakari und Kleiner Donner wechseln erleichterte Blicke.

Gemeinsam bringen sie das Bärenjunge zu seiner Mutter, die ihr Kleines schon überall gesucht hat.

„Da bist du ja, Honigtau!", ruft die Bärenmutter freudig. „Ich habe mir schon solche Sorgen gemacht! Wo hast du bloß gesteckt?"

„Ich war oben in den Bergen und habe nicht mehr zurückgefunden", antwortet der kleine Bär. „Aber Yakari hat mir geholfen."

„Danke, Yakari!", sagt die Bärenmama.

Der Indianerjunge lacht. Er ist sehr froh, dass alles gut ausgegangen ist und dass Honigtau nun genug vom Fliegen hat!

ZWEI GANZ VERSCHIEDENE FREUNDE

Es ist ein friedlicher Sommerabend. Gut gelaunt kehren Yakari und Kleiner Donner von einem Ausflug zurück.
Doch auf einmal ist es mit der ruhigen Stimmung vorbei. Vom nahen Wald dringt das laute und wütende Gebrüll eines Bären herüber, gefolgt vom zornigen Knurren eines Wolfes.
„Das klingt nicht gut", stellt Yakari fest. „Lass uns nachsehen, was da los ist!"
Die Freunde müssen nicht lange suchen. Auf einer Waldlichtung stehen sich ein großer Bär und ein Wolf grimmig gegenüber.
„Das muss jetzt endlich aufhören!", brüllt der Bär und hebt drohend seine Tatze.
„Ich schaue mir das nicht länger an", faucht der Wolf und zeigt seine spitzen Zähne.
Yakari springt vom Pferd und geht auf die beiden zu. „Was ist denn mit euch los?", erkundigt er sich. „Was macht euch so wütend?"

„Das kann ich dir sagen", erwidert der Bär ärgerlich. „Ich möchte einfach nicht, dass der kleine Honigtau mit diesem Wolfsjungen spielt."

Jetzt erst sieht Yakari, dass sich am Rand der Lichtung die Söhne der beiden drängen: das Bärenjunge Honigtau und das Wolfsjunge Kleiner Hauer.

Der Wolfsvater knurrt: „Ich halte überhaupt nichts davon, dass mein Sohn sich mit diesem Bärenjungen herumtreibt. Wölfe und Bären haben nun mal nichts miteinander zu schaffen!"

Nun wagt sich Honigtau ein paar Schritte nach vorne. „Aber Papa!", wendet er ein. „Wir machen doch gar nichts Schlimmes!"

„Ja, genau!", pflichtet ihm Kleiner Hauer bei. „Wir wollen nur miteinander spielen."

„Das kommt überhaupt nicht infrage!", sagt der große Wolf.
Der Bärenvater ruft gleichzeitig: „Bären und Wölfe gehören nicht zusammen und damit basta!"
Wütend starren sich die beiden Väter an und fletschen die Zähne. Sie sehen aus, als würden sie gleich aufeinander losgehen.
„Nun beruhigt euch doch wieder!", bittet Yakari. „Der Wald ist groß genug für alle, ihr könnt euch einfach aus dem Weg gehen."
Die Väter werfen sich noch einige böse Blicke zu, bevor sie sich umdrehen und in zwei verschiedene Richtungen davonlaufen. Ihre Söhne sehen dagegen ganz traurig aus. Zögernd trottet jeder neben seinem Vater her.

„Na also!", meint Kleiner Donner zufrieden. „Die beiden werden sich schon wieder beruhigen."
„Das hoffe ich auch", pflichtet Yakari ihm bei und springt auf den Rücken des Ponys. „Und jetzt komm, ab nach Hause!"
Das lässt Kleiner Donner sich nicht zweimal sagen. Er spannt die Muskeln an und drückt sich kraftvoll vom Boden ab.
Yakari beugt sich über den Hals seines Ponys und vergräbt die Hände in der Mähne. Es ist so wunderbar, Kleiner Donner zum Freund zu haben!

Am nächsten Morgen ziehen Yakari und Kleiner Donner wieder los. Der Indianerjunge möchte am Fluss nach Beeren suchen.
Unterwegs blickt Kleiner Donner zum Himmel. „Bald wird es regnen", stellt er fest. „Hoffentlich findest du schöne Beeren, bevor wir nass werden."
Am Flussufer fällt den Freunden ein Busch auf, in dem es laut raschelt.

„Nanu, was ist das denn?" Als Yakari die Zweige auseinanderbiegt, traut er seinen Augen kaum: Honigtau und Kleiner Hauer haben sich heimlich getroffen und spielen im Gebüsch!

„Wie hast du uns nur gefunden?", fragt Honigtau überrascht.
Yakari lacht. „Das war nicht sehr schwer", meint er. „Aber wenn ihr keinen Ärger bekommen wollt, solltet ihr besser zu euren Vätern zurückkehren."
Doch davon halten die beiden Tierkinder gar nichts.
„Komm, wir suchen uns ein besseres Versteck!", sagt Honigtau zu Kleiner Hauer.
Fröhlich laufen die beiden davon.

Es dauert nicht lange, bis Yakari einen Beerenstrauch voller Früchte findet. Zufrieden füllt er seinen Beutel mit saftigen, roten Beeren.

Unterdessen wird der Himmel immer dunkler und graue Regenwolken ballen sich zusammen.

„Lass uns aufbrechen!", drängt Kleiner Donner. „Vielleicht schaffen wir es vor dem Unwetter noch ins Dorf zurück."

Aber in diesem Augenblick taucht der Bärenvater am Flussufer auf. „Gut, dass ihr hier seid!", ruft er den Freunden zu. „Stellt euch vor, Honigtau ist verschwunden!"

Noch ehe Yakari antworten kann, erscheint auch der Wolfsvater am Fluss. „Habt ihr Kleiner Hauer gesehen?", fragt er. „Ich kann ihn nirgendwo finden."

Yakari sagt: „Vorhin haben die beiden noch zusammen hier gespielt. Sie können also nicht weit sein."

„Wie bitte?", faucht der Bär empört. „Hat dieser freche kleine Wolf etwa meinen Sohn zum Spielen weggelockt?"

„Von wegen!", knurrt der Wolf. „Dein Bären-Bengel hat meinen Jungen doch bestimmt dazu verleitet."

Kleiner Donner seufzt leise. „Statt zu streiten, sollten die beiden besser nach ihren Kindern suchen", murmelt er.

Yakari lächelt ihn zustimmend an. „Hört mal zu, ihr beiden!", sagt er zu den Vätern. „Eure Söhne haben vorhin erzählt, dass sie ein neues Versteck zum Spielen ausfindig machen möchten. Also kommt schon, lasst sie uns suchen!"

Der Bär und der Wolf starren sich wütend an. Von einer gemeinsamen Unternehmung halten sie gar nichts. Aber da es um ihre Söhne geht, folgen sie Yakari und Kleiner Donner.

„Am besten sehen wir erst einmal dort nach, wo sie heute Morgen gespielt haben", schlägt Yakari vor.

Während der Indianerjunge und sein Pony nach Spuren suchen, beginnen die Väter der beiden Vermissten schon wieder zu streiten.

„Nun gib schon zu, dass dein Sohn meinen angestiftet hat!", knurrt der Wolf.

Der Bär funkelt ihn wütend an.

„So etwas würde mein Sohn niemals tun", behauptet er und geht drohend auf den Wolf zu.

„Nun hört doch endlich auf damit!", ruft Yakari. „Seht mal auf den Boden! Merkt ihr denn nicht, dass ihr die Spuren eurer Jungen zertrampelt?"

Als die beiden nach unten schauen, werden sie ganz kleinlaut.

„Oje!", seufzt der Bärenvater. „In Zukunft passe ich besser auf, wo ich hintrete."
Auch der Wolf sieht zerknirscht aus. „Das wollte ich nicht", versichert er.

„Was soll's!", meint Yakari. „Auf jeden Fall haben wir jetzt die Fährte der beiden gefunden. Sie wird uns schnell zu euren Kindern führen."

Zu viert folgen sie nun den Spuren.

Sie sind noch nicht weit gekommen, als es zu regnen beginnt. Große, schwere Tropfen fallen vom Himmel und verwischen die Fußabdrücke der Tierkinder.

„Wir müssen uns beeilen!", drängt Yakari. „Bald werden die Spuren nicht mehr zu sehen sein."

Der Regen wird immer stärker. Schweigend suchen Yakari, Kleiner Donner und die beiden Väter den Boden ab. Alle machen sich große Sorgen um Kleiner Hauer und Honigtau.

„Seht nur!", ruft Yakari plötzlich. „Hier ist noch eine weitere Spur zu erkennen! Sie stammt von einem Vielfraß!"
„Oh nein!", stöhnt der Bärenvater. „Ein hungriger Vielfraß schreckt vor gar nichts zurück."

Zum ersten Mal ist der Wolfsvater seiner Meinung. „Rasch, wir müssen die Jungs finden, bevor der Vielfraß sie erwischt!"

Eilig hasten die vier durch den strömenden Regen.

„Dahinten ist der Vielfraß", ruft Kleiner Donner. „Los, schnell, bald haben wir ihn eingeholt!"

Obwohl sie auf dem aufgeweichten Boden nur mühsam vorankommen, stürmen die vier weiter. Endlich erreichen sie den Vielfraß, der beim Anblick seiner Verfolger erschrocken zurückweicht.

„Wo sind unsere Söhne?", dröhnt der Bärenvater. „Was hast du mit ihnen angestellt?"

„Eure Söhne?" Der Vielfraß schüttelt den Kopf. „Ich weiß nicht, wovon ihr redet!"

Der Wolf zeigt seine scharfen Zähne und geht drohend auf ihn zu. „Wir wissen genau, dass du sie verfolgt hast! Also sag uns jetzt, was mit den beiden passiert ist!"

Die Augen des Vielfraßes flackern. „Ich habe leider gar keine Zeit, euch zu helfen", stößt er hervor. „Mein Magen knurrt und wenn ich hungrig bin, habe ich immer schlechte Laune."

Yakari hat eine Idee. Er zeigt dem Vielfraß seinen Beutel mit den Beeren und sagt: „Führst du uns dorthin, wo du die beiden Jungen zuletzt gesehen hast? Dann gehören dir diese Beeren – aber erst, wenn du uns die Stelle gezeigt hast."

Gierig blickt der Vielfraß die Beeren an. Dann führt er Yakari, Kleiner Donner und die beiden Tierväter zu einem umgestürzten Baumstamm am Fuß eines Hanges. „Bis hierhin sind sie vor mir hergelaufen", berichtet der Vielfraß. „Dann habe ich sie aus den Augen verloren."

Vor dem Baumstamm entdeckt Yakari die Spuren der Tierkinder. „Du hast Wort gehalten", sagt er und legt die Beeren vor dem Vielfraß auf den Boden. Sobald er sie gefressen hat, läuft der Vielfraß davon.

„Wo können Honigtau und Kleiner Hauer nur sein?" Suchend läuft Yakari um den Baumstamm herum.

Da entdeckt er auf der anderen Seite des Stammes ein tiefes Loch im Boden. Als Yakari sich darüberbeugt, staunt er nicht schlecht: In dem Loch kauern dicht aneinandergedrängt die beiden vermissten Jungen! Sie sind patschnass von dem Regenwasser, das sich in dem Loch gesammelt hat.

„Da seid ihr ja!", ruft Yakari erleichtert. „Wartet, wir helfen euch heraus!" Zum Glück lässt der Regen nun nach. Bald tröpfelt es nur noch ein bisschen und der Himmel hellt sich auf.

Yakari schnappt sich eine stabile Liane und klettert damit in das Loch hinunter. Mit dem Wolfsjungen auf dem Arm und dem Bärenjungen auf dem Rücken lässt er sich von den beiden Vätern wieder nach oben ziehen.

„Wir sind gerettet!", jubelt Honigtau.

Sein Vater schließt ihn glücklich in die Arme.

Der Wolfsvater und sein Sohn lecken sich zur Begrüßung liebevoll ab.

„Wir sind vor dem Vielfraß weggerannt und dabei in das Loch gefallen", berichtet Kleiner Hauer. „Und dann kamen wir nicht mehr heraus."

Honigtau sagt: „Dabei haben wir nur ein geheimes Versteck gesucht, in dem wir zusammen spielen können."

„Ich glaube, wir Väter haben so einiges falsch gemacht", seufzt der Bärenvater. „Also, meinetwegen dürft ihr von jetzt an immer miteinander spielen."

„Von mir aus auch!", nickt der Wolfsvater. „Hauptsache, wir wissen, wo ihr seid!"

„Juhu!", jubeln die beiden Jungen.

Nun wendet sich der große Bär an Yakari und Kleiner Donner. „Vielen Dank für eure Hilfe", sagt er.

„Auch ich danke euch von Herzen", schließt sich der Wolf an.

Yakari schwingt sich fröhlich auf Kleiner Donner. „Wir helfen immer gern!", ruft er. „Es ist wunderbar, dass ihr jetzt nicht mehr streitet! Lebt wohl!"

Kleiner Donner wiehert zum Abschied und trägt Yakari über den regennassen Waldboden davon – dem nächsten Abenteuer entgegen!

DER UNHEIMLICHE PFERDEDIEB

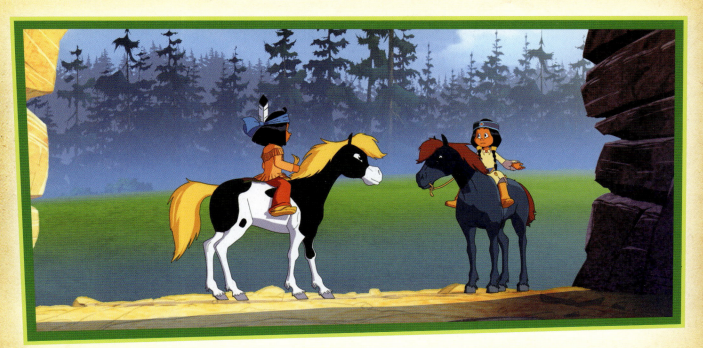

„Ich freue mich schon so auf die Wildpferde." Das Indianermädchen Regenbogen legt die Hand über die Augen und blinzelt ins Sonnenlicht. „Aber wo sind sie nur?"
„Bestimmt tauchen sie gleich auf", meint Yakari, der neben ihr reitet. Erwartungsvoll halten die Freunde nach den wilden Mustangs Ausschau, die auf einer weitläufigen Ebene am Fuß einer Felslandschaft leben. Doch sosehr Yakari und Regenbogen auch überall suchen, heute sind die Wildpferde wie vom Erdboden verschluckt!
„Sie können doch nicht einfach verschwunden sein", wundert sich Yakari. „Wie eigenartig, das ist doch ihre Heimat!"
Auf einmal dringt von den Felsen ein schrilles Wiehern zu den Freunden herüber. Erschrocken blicken sich Yakari und Regenbogen an. Das klang wie der Hilfeschrei eines Pferdes!
„Komm, wir schauen nach, was da los ist!", sagt Yakari entschlossen. „Vielleicht brauchen die Wildpferde unsere Hilfe!"

Doch erst einmal müssen die Freunde die Mustangs finden! Zwischen den zerklüfteten Felsen ist das gar nicht so einfach. Suchend irren Regenbogen und Yakari mit ihren Ponys Großer Grauer und Kleiner Donner zwischen den steilen Felswänden hindurch.

Immer wieder hören sie lautes Hufgetrappel und das verzweifelte Wiehern der Mustangs. Yakari und Regenbogen wechseln besorgte Blicke.

„Lass uns hier hochreiten!" Yakari deutet auf einen steinernen Pfad, der zwischen den Felsen in die Höhe führt. „Von dort oben sehen wir viel mehr."

Obwohl es steil bergauf geht, stapfen Großer Grauer und Kleiner Donner unermüdlich in die Höhe.

Als sie oben ankommen, entdecken sie die Wildpferde sofort. Im rasenden Galopp jagen die Mustangs durch eine schmale Felsgasse. Ein fremder Reiter treibt sie mit lauten Rufen vor sich her.

„Oh nein!", ruft Regenbogen. „Die armen Pferde! Was hat der Jäger nur vor?"
„Bestimmt will er die Mustangs fangen", meint Yakari. „Komm, wir folgen ihnen!"

Während der Jäger die Wildpferde immer weitertreibt, reiten die Freunde oben am Rand der Felsspalte entlang. So behalten sie den Reiter und die Wildpferde im Blick.
Atemlos sehen Yakari und Regenbogen, wie der Jäger die Pferde in eine Sackgasse lotst. Am Ende des schmalen Weges ragen rundum steile Wände in die Höhe. Die Pferde können nicht mehr weiter!
Mit bebenden Flanken bleiben die Wildpferde stehen und sehen sich nach allen Seiten um. Blitzschnell spannt der Jäger ein großes Netz vor den einzigen Ausgang aus der Falle.

Doch so leicht lassen sich die Mustangs nicht unterkriegen! Schon nimmt das erste Wildpferd Anlauf und springt mit einem großen Satz über das Netz. Die anderen zögern nicht lange und folgen ihm. Bald sind alle erwachsenen Mustangs wieder frei. Nur für zwei Fohlen ist das Netz zu hoch. Verzweifelt wiehern die Pferdekinder hinter ihrer Herde her, die auf der Flucht eine große Staubwolke hinterlässt. Regenbogen und Yakari haben das Geschehen von oben beobachtet. Entsetzt sehen sie, dass der Jäger die Fohlen nun mit Seilen einfängt.

„Hör auf damit!", schreit Yakari laut zu ihm hinunter. „So junge Fohlen darf man nicht von ihrer Herde trennen!"

Überrascht blickt der Jäger nach oben. Als er Yakari und Regenbogen sieht, lacht er höhnisch. „Ich mache, was ich will!", ruft er. „Das geht euch Kinder gar nichts an!"

Schon packt er sein Netz ein, schwingt sich auf sein braunes Pferd und reitet mit den Fohlen im Schlepptau davon.

Yakari und Regenbogen wechseln ratlose Blicke.

„Die Fohlen brauchen ihre Mütter und den Schutz der Herde", stellt Regenbogen fest. „Wir müssen sie irgendwie befreien."

Yakari nickt. „Aber dieser Jäger ist sehr schnell und geschickt", sagt er. „Sonst hätte er es nicht geschafft, die Wildpferde ganz allein in den Engpass zu treiben."

Da fällt ihm plötzlich etwas ein. „Ich weiß, wer uns helfen kann!", verkündet Yakari. „Komm schnell mit, Regenbogen!"

Kleiner Donner weiß sofort, was Yakari vorhat. Zielsicher schlägt er den Weg zu der Hochebene ein, auf der das Indianermädchen Freies Pferd lebt.

Durch einen schmalen Felsgang erreichen die Freunde die Ebene, auf der eine Gruppe von Wildpferden grast.

„Hallo Yakari", dringt eine Mädchenstimme zu den Freunden herüber. „Schön, dich wiederzusehen!"

Erstaunt schaut Regenbogen sich um. „Wer spricht denn da?", fragt sie überrascht. Außer den Pferden ist niemand zu sehen.

„Das bin ich, kleine Squaw", sagt Freies Pferd und richtet sich auf dem Rücken ihres Appaloosas auf. „Ich kann mich so an mein Pferd hängen, dass ich von der anderen Seite nicht zu sehen bin." Freies Pferd macht es den Freunden vor.

„Das ist toll!", staunt Regenbogen.

Yakari sagt schnell: „Freies Pferd, wir brauchen deine Hilfe! Zwei Fohlen sind in Gefahr!" Freies Pferd zögert keine Sekunde. Sie liebt Pferde aus tiefstem Herzen und würde alles für sie tun. „Nichts wie los!", stimmt sie zu.

Schon machen sich die Freunde auf den Weg.

„Der Jäger muss das Felslabyrinth hier irgendwo verlassen haben", vermutet Freies Pferd, die im Reich der Mustangs jeden Winkel kennt. Doch die Freunde können nirgendwo Hufspuren entdecken.

„Seht mal hier!", ruft Freies Pferd nach einer Weile. „Solche Spuren entstehen, wenn jemand Zweige benutzt, um seine Fährte zu verwischen."

Staunend betrachten die Freunde die Spuren.

„Dieser Jäger ist wirklich schlau", stellt Yakari fest.

„Wir aber auch", meint Freies Pferd und schwingt sich auf ihren Appaloosa.
„Kommt, wir folgen einfach den Wischspuren!"

Bald kommen sie zu einer felsigen Schlucht, vor der ein Pferd steht.
„Dieses Pferd kenne ich!", sagt Yakari. „Der Jäger ist darauf geritten."
„Aber wo sind die Fohlen?", rätselt Freies Pferd.
In diesem Augenblick tritt der fremde Reiter zwischen den Felsen hervor.
„Was wollt ihr denn schon wieder hier?", ruft er, als er die Freunde sieht.
„Gebt es auf, ihr werdet mich nie erwischen!"
Nach diesen Worten springt er auf sein Pferd und prescht durch die Schlucht.

Die Freunde nehmen die Verfolgung auf. Aber was ist das?
Als sie in die Schlucht einbiegen, ist der Reiter spurlos verschwunden!
Plötzlich hören sie ein spöttisches Lachen. „Ich habe euch doch gesagt, ihr sollt mir nicht folgen!", höhnt der Jäger, der nun auf einmal hinter ihnen reitet.
„Das gibt's doch gar nicht!" Yakari, Regenbogen und Freies Pferd bleiben erstaunt stehen.

Doch da ist der Reiter schon wieder verschwunden.

Yakari schüttelt verwirrt den Kopf. „Wie kann er nur so schnell sein?"

„Seht mal da oben!", sagt Regenbogen in diesem Moment.

Die anderen folgen ihrem Blick.

Hoch über ihnen beugt sich der Jäger über die Felskante und ruft: „Ihr kommt mir doch nicht auf die Schliche, also verschwindet endlich!"

Freies Pferd sieht, wie er einen Felsbrocken nach vorne schiebt. „Das ist eine Falle!", warnt sie. „Er will uns den Ausgang versperren. Schnell weg hier!"

Im gestreckten Galopp jagen die Freunde aus der Schlucht.

Freies Pferd hatte recht: Schon prasseln von oben die Felsen herab. Der Jäger stößt riesige Steine in die Tiefe, um den Ausgang aus der Schlucht zu verschließen.

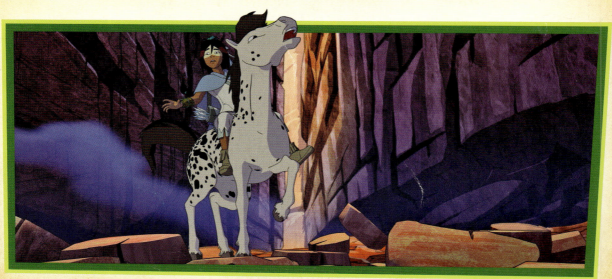

Doch Yakari, Regenbogen und Freies Pferd sind schneller. In letzter Sekunde lassen sie die Schlucht hinter sich.

„Das war knapp", stellt Freies Pferd fest.

„Ich verstehe das alles nicht", meint Regenbogen. „Wie kann der Jäger nur so unglaublich schnell sein?"

Yakari sagt: „Das ist bestimmt ein Trick. Der Jäger muss ein Geheimnis haben, das ihn so schnell macht."

Freies Pferd nickt. „So, wie ich mich unsichtbar mache, indem ich mich an der Flanke meines Pferdes verstecke."

Als sie Regenbogens fragenden Blick sieht, meint Freies Pferd: „Probier's doch auch mal aus, Regenbogen!"

Doch als Regenbogen versucht, sich an die Seite von Großer Grauer zu hängen, rutscht sie ab.

„Ich zeige dir, wie es geht", sagt Freies Pferd. „Als Erstes musst du dein Pferd freilassen." Sie nimmt Großer Grauer die Zügel ab. „Nun kannst du eins mit ihm werden."

Und wirklich: Als Regenbogen es ohne Zügel probiert, klappt es sofort. Sie schmiegt sich seitlich an ihr Pferd, sodass man sie von der anderen Seite nicht sehen kann.

„Danke, Freies Pferd!", meint Regenbogen und springt wieder auf den Boden. „Lasst uns ein Nachtlager einrichten! Es wird schon gleich dunkel."

Damit sind alle einverstanden.

Kurz darauf senkt sich die Nacht über die Prärie. Hoffentlich wird es den Freunden morgen gelingen, die Fohlen zu befreien!

Am nächsten Tag stoßen die beiden Mädchen und Yakari rasch wieder auf die verwischten Spuren des Jägers. Doch dann erleben sie eine Überraschung: Auf einmal teilen sich die Fährten in zwei Richtungen!
„Wie ist das möglich?", überlegt Freies Pferd.
Yakari erwidert: „Wir müssen beiden Spuren folgen, um das Rätsel zu lösen."
Während er mit Regenbogen der einen Spur nachreitet, übernimmt Freies Pferd die andere.

Unermüdlich tragen Kleiner Donner und Großer Grauer ihre Reiter über die Prärie. Schließlich lassen sie die Ebene hinter sich und kommen in einen Wald. Yakari spürt, wie Kleiner Donner plötzlich die Muskeln anspannt. Das Pony bleibt stehen und späht zu einer Waldlichtung hinüber. Auch Großer Grauer hält an. Ganz leise lassen sich die Freunde von den Pferden gleiten und schleichen näher heran.

Tatsächlich: Auf der Waldlichtung vor ihnen entdecken sie eines der entführten Fohlen und ein braunes Pferd.
Lautlos ziehen sich die Freunde wieder zurück.
Yakari flüstert: „Das braune Pferd sieht fast so aus wie das Pferd des Jägers, aber es ist ein anderer Brauner."
„Hauptsache, wir haben eines der Fohlen gefunden!", meint Regenbogen. „Komm schnell, wir holen Freies Pferd!"
Da tritt ihnen auf einmal der Jäger in den Weg. „Gebt ihr denn niemals auf?", herrscht er die Kinder an.
Statt einer Antwort springen die beiden schnell auf ihre Pferde und reiten davon.

Freies Pferd hat inzwischen leider Pech gehabt. Als die Freunde sie finden, humpelt sie zu Fuß über die Prärie.

„Gut, dass ihr hier seid!", ruft sie. „Stellt euch vor, der Jäger hat mir meinen Appaloosa weggenommen! Als ich ihn verfolgen wollte, habe ich mir auch noch den Fuß verstaucht."
„Ich kenne Pflanzen, die deine Schmerzen lindern", sagt Regenbogen und springt vom Pferd. Während sie einen heilenden Kräuterumschlag um das verletzte Bein legt, denkt Yakari über den Jäger nach.

„Wie kann er deinen Appaloosa entführen, während wir ihn gleichzeitig im Wald gesehen haben?", überlegt er laut.
Auf einmal erhellt sich seine Miene. „Ich glaube, ich weiß die Lösung!", verkündet Yakari. „Wartet hier! Ich bin gleich zurück!"

Als Yakari kurz darauf wieder durch den Wald schleicht, bestätigt sich sein Verdacht: Auf der Lichtung sitzen nun zwei Jäger, die genau gleich aussehen! Neben ihnen grasen zwei braune Pferde, die beiden Fohlen und der Appaloosa von Freies Pferd.

„Hab ich's mir doch gleich gedacht", flüstert Yakari. „Die Jäger sind Zwillinge!" Auf dem Rückweg zu den Mädchen schmiedet er einen Plan.

Kurz darauf jagt Großer Grauer im gestreckten Galopp über die Waldlichtung, auf der die Jäger sitzen. Regenbogen hängt so an der Seite ihres Pferdes, dass die Männer sie nicht sehen können. „Ein Wildpferd!", ruft einer der Jäger.

„Komm, das schnappen wir uns!", meint sein Zwillingsbruder. Schon springen sie auf ihre Pferde und nehmen die Verfolgung auf. „Sehr gut", murmelt Yakari, der mit Kleiner Donner im Dickicht gewartet hat. Rasch nimmt er den Fohlen und dem Appaloosa die Seile ab. „Kommt mit!", sagt er zu den dreien. „Ich bringe euch wieder nach Hause."

Freies Pferd ist sehr froh, als Yakari ihr geliebtes Pferd zurückbringt. So schnell sie können, reiten die Freunde auf eine Anhöhe oberhalb eines steinernen Tunnels. „Hoffentlich schafft Regenbogen es, die Jäger hierhinzulocken", meint Yakari. Da ertönt auch schon lautes Hufgetrappel. Großer Grauer galoppiert durch den Tunnel, dicht gefolgt von den Pferden der Jäger.
Yakari passt genau auf. Sobald Großer Grauer den Tunnel verlassen hat, stößt der Indianerjunge einige große Felsbrocken in die Tiefe. Die Steine prasseln herunter und versperren den Ausgang, sodass die Jäger nicht weiterkommen.

„Juhu, wir haben sie abgeschüttelt!", jubeln die Freunde.
„Für den Weg um den Berg herum werden sie Tage brauchen", meint Regenbogen.

Als sie die Fohlen zu ihrer Herde zurückbringen, begrüßen sich die Pferdekinder und ihre Mütter freudig. Die Fohlen springen ausgelassen herum und wie von selbst folgt die ganze Herde den Reitern dorthin, wo Freies Pferd mit ihren Mustangs lebt.
„Wenn die Pferde möchten, können sie gerne bei mir bleiben", sagt Freies Pferd. Und ob die Pferde möchten! Gerne schließen sie sich der Herde von Freies Pferd an. Nach einem herzlichen Abschied machen sich Yakari und Regenbogen auf den Heimweg. Sie wissen, wie gut es die Mustangs bei Freies Pferd haben werden. Ein schöneres Zuhause kann es für die Wildpferde nicht geben!

DIE KOJOTENJAGD

Das laute Heulen eines unfreiwilligen Gastes dringt durch das Indianerdorf. Die Jäger haben einen Kojoten gefangen und neben der Pferdeweide an einen Pflock gebunden. Doch der Kojote ist ein Wildtier und kennt die Menschen nicht. Verzweifelt zerrt er an dem Seil und versucht loszukommen.
Voller Mitgefühl blickt Yakari zu dem Kojoten hinüber. Er mag es überhaupt nicht, wenn Tiere gefangen genommen werden! Aber Yakari weiß auch, dass es in seinem Stamm ein alter Brauch ist, einmal im Jahr eine Kojotenjagd zu veranstalten. Dabei versuchen die Stammesmitglieder, das rote Band zu erwischen, das am Schwanz des Tieres befestigt ist. Danach wird der Kojote wieder freigelassen, aber das weiß der Arme ja nicht!

Das Heulen des Kojoten hört nicht auf. Immer wieder schaut Yakari zu ihm hin, bis er es schließlich nicht mehr aushält. Langsam nähert er sich dem Kojoten und geht vor dem Tier in die Hocke, um es nicht zu erschrecken.

„Hab keine Angst!", sagt der Junge freundlich. „Mein Name ist Yakari. Ich tue dir nichts."
Der Kojote sieht ihn verblüfft an. „Du sprichst meine Sprache?", staunt er.
„Ja, das ist meine besondere Gabe", bestätigt Yakari. „Ich verdanke sie meinem Totem Großer Adler."
Unglücklich schaut der Kojote auf das Seil, mit dem er an einer Stange festgebunden ist.
„Warum haben mich die Menschen eingefangen?", fragt er.

Yakari seufzt. „Sie lassen dich bald wieder frei", versichert er. „Dann laufen sie hinter dir her, bis sich einer von ihnen das rote Band an deinem Schwanz geholt hat. Das ist schon alles, mehr wird dir nicht geschehen."
Der Kojote winselt leise. „Du bist ganz anders als die anderen Menschen", stellt er fest. „Bitte nimm mir das Band ab und lass mich frei!"

„Das geht leider nicht", sagt Yakari zögernd. „Für meinen Stamm ist dieser Wettlauf um das rote Band sehr wichtig, weißt du …"
Doch als er den flehenden Blick des Kojoten sieht, richtet er sich auf. „Vielleicht gibt es ja doch einen anderen Weg!", überlegt Yakari. „Ich werde gleich einmal mit den Männern reden, aber ich kann dir nichts versprechen."

Vor dem Zelt des Ältestenrates spricht der Schamane Der-der-alles-weiß gerade über die Bedeutung der Kojotenjagd.
„Der Wettlauf um das rote Band erinnert uns an die Zeiten, in denen die Sioux noch keine Mustangs kannten", erklärt der Schamane. „Unsere Vorfahren jagten damals zu Fuß."
„Ich nehme auf jeden Fall wieder teil", wirft der Jäger Stolze Wolke ein. „Bestimmt werde ich den Lauf auch diesmal wieder gewinnen."
Niemand widerspricht ihm, denn in den vergangenen Jahren konnte jedes Mal Stolze Wolke das rote Band erringen.
Nun holt Yakari tief Luft und tritt vor die Männer. „Der Wettlauf um das rote Band ist sinnlos und ungerecht", sagt er mit fester Stimme. „Ihr vergnügt euch auf Kosten des Kojoten."

Erstaunt blicken die Männer ihn an.

„Aber es ist doch nur ein Spiel", meint Yakaris Vater Kühner Blick.

„Das stimmt", pflichtet Der-der-alles-weiß ihm bei. „Wir fügen dem Kojoten ja kein Leid zu."

Jetzt mischt sich auch Yakaris Freundin Regenbogen ein, die gerade dazugekommen ist. „Das wisst ihr doch gar nicht!", erklärt sie. „Vielleicht hat der Kojote eine Familie, die ihn braucht."

Die Männer wechseln betroffene Blicke.

„Dieser Lauf ist nun mal eine alte Tradition", murmelt der Schamane.

Stolze Wolke ruft: „Und er ist eine gute Übung für die Jagd!"

Yakari schüttelt den Kopf. „Aber wird man denn ein guter Jäger, wenn man einen Kojoten verängstigt?", möchte er wissen.

Stolze Wolke funkelt ihn herausfordernd an. „Warum nimmst du nicht selbst teil, wenn du so genau Bescheid weißt?", fragt er.

Yakari zögert kurz, dann sagt er: „Also gut, ich mache mit! Aber wenn ich gewinne, wird kein einziger Kojote mehr gefangen und es gibt nie wieder einen Wettlauf um das rote Band!"

Der-der-alles-weiß blickt gespannt in die Runde. „Was meint ihr?", fragt er.
Der Reihe nach nicken die versammelten Männer.
„Dann ist es also abgemacht!", verkündet Der-der-alles-weiß feierlich. „Wenn Yakari gewinnt, geben wir den Wettlauf um das rote Band auf."
Yakari bekommt eine Gänsehaut. Wird es ihm gelingen, Stolze Wolke zu besiegen?

Nach der Versammlung drängen sich Regenbogen und Kleiner Dachs um Yakari.
Regenbogen sagt: „Es ist so wunderbar, wie du dich immer für die Tiere einsetzt!"
Aber Kleiner Dachs meint: „Stolze Wolke ist der beste Läufer unseres Stammes.
Du musst unbedingt noch trainieren."

Am nächsten Morgen fängt Yakari gleich mit dem Training an. Kleiner Donner läuft neben ihm her, während Yakari auf einer Wiese seine Runden dreht.
Regenbogen und Kleiner Dachs schauen zu und feuern ihren Freund an.

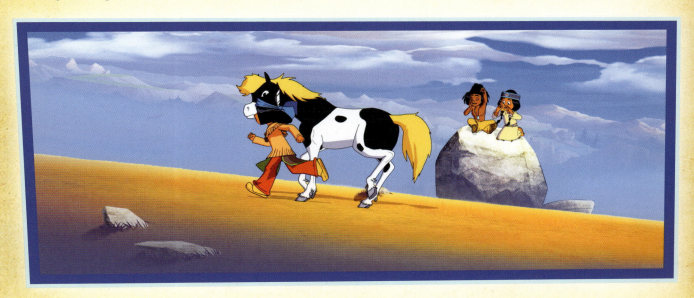

„Schneller, Yakari!", ruft Regenbogen. „Na los!"
Yakari ist schon ziemlich aus der Puste, doch er versucht, noch mehr aus sich herauszuholen. Keuchend spurtet er weiter.
„Mach lieber langsam!", mahnt Kleiner Donner. „Du musst dir deine Kräfte einteilen, um länger durchzuhalten."

Da geht Yakari auch schon die Luft aus. Schwer atmend bleibt er stehen. „Ich kann nicht mehr", japst er. „Du hattest recht, beim schnellen Rennen vergeude ich meine Kraft."
Nun läuft er langsamer und bekommt allmählich ein Gefühl dafür, wie er lange Strecken kräftesparend zurücklegen kann.

Am Abend sitzt Yakari noch mit seinem Vater zusammen und sie sprechen über den bevorstehenden Lauf.
„Der Kojote ist sehr flink, aber früher oder später wird er ermüden", sagt Kühner Blick. „Ein ausdauernder Läufer kann einen schnellen also besiegen."

Nun tauchen Yakaris Freunde auf. Regenbogen reicht dem Indianerjungen eine Schale mit einer stärkenden Speise.
„Hier, das gibt dir Kraft!"
Yakari blickt sie dankbar an und lässt es sich schmecken. Kleiner Dachs reicht seinem Freund einen Anhänger in der Form eines Bisons.
„Nimm morgen dieses Amulett mit!", sagt er. „Es zeigt mein Totemtier und schenkt dir die Kraft eines Bisons."
„Vielen Dank", erwidert Yakari. „Aber nun lasst uns schlafen gehen, damit wir morgen frisch und ausgeruht sind!"
Die Freunde wünschen sich eine gute Nacht.
Kurz darauf kehrt im Indianerdorf Ruhe ein.

Am nächsten Morgen ist es so weit: Der Lauf um das rote Band beginnt. Sobald der Kojote losgebunden wird, schießt er davon. Yakari und Stolze Wolke nehmen die Verfolgung auf. Stolze Wolke gibt ein schnelles Tempo vor.

Je länger sie unterwegs sind, desto schwerer fällt es Yakari, mit dem langbeinigen Jäger Schritt zu halten. Immer wieder hält der Indianerjunge keuchend an, um kurze Pausen einzulegen.

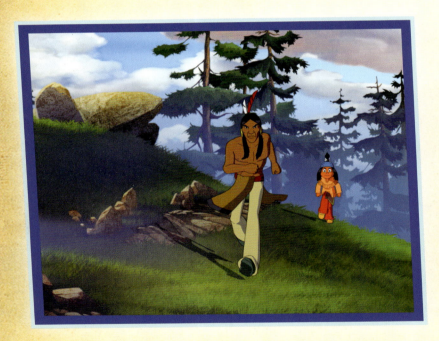

„Ich muss mir meine Kräfte besser einteilen", murmelt er. Da fällt sein Blick auf den Boden. Nanu, genau vor seinen Füßen schwenken die Abdrücke des Kojoten nach links!
„Hier ist der Kojote abgebogen", stellt Yakari fest. „Stolze Wolke läuft in die falsche Richtung!"
In diesem Augenblick ertönt hinter ihm ein vertrautes Schnauben.

Yakari wirbelt herum. „Kleiner Donner!", ruft er überrascht. „Was machst du denn hier? Du darfst mir nicht helfen!"
„Ich helfe ja gar nicht", versichert das Pony. „Solange du nicht auf mir reitest, darf ich dich doch begleiten, oder?"

„Na klar!" Yakari strahlt.
Mit Kleiner Donner an seiner Seite fühlt er sich gleich viel stärker.

Gemeinsam folgen die Freunde der Kojotenspur. Bald führt die Fährte in einen niedrigen Erdtunnel.

Als der Indianerjunge hindurchkriechen möchte, warnt Kleiner Donner ihn. „Geh da lieber nicht rein!", meint er. „Das ist zu gefährlich. In dieser Gegend zittert oft die Erde."
Doch Yakari lässt sich nicht aufhalten. „Wenn ich gewinnen will, muss ich hier durch", entgegnet er und kriecht in den Gang.
Kleiner Donner seufzt und läuft in einem weiten Bogen um den Erdtunnel herum. Yakari steckt mitten in dem Gang, als plötzlich die Erde zittert! Erdbrocken und kleine Steine prasseln auf den Jungen herab. Er hält ganz still und wartet ab. Zum Glück ist das Beben rasch wieder vorbei.
„Yakari?", dringt die Stimme seines Ponys vom Tunnelausgang herüber. „Bist du verschüttet? Soll ich Hilfe holen?"
„Nein, nein, mir ist nichts passiert", versichert Yakari und kriecht aus dem Tunnel. In diesem Augenblick rast auf einmal der Kojote auf sie zu. „Yakari, du musst mir helfen!", ruft er atemlos. „Meine Frau ist zwischen den Felsen dort oben eingeklemmt." Er deutet mit der Nase auf eine steile Felswand. „Als die Erde gezittert hat, sind ganz viele Steinbrocken heruntergerutscht und nun kommt meine Frau nicht mehr heraus."

Yakari blickt sein Pony an. „Vergessen wir den Wettlauf!", sagt er. „Das Leben der Kojotenfrau ist wichtiger!" Schon springt er auf Kleiner Donner und die beiden jagen hinter dem Kojoten her auf die Felswand zu.

Inzwischen hat Stolze Wolke die Fährte des Kojoten wiedergefunden und ist Yakari dicht auf den Fersen. Als er den Jungen nun auf Kleiner Donner davonreiten sieht, schüttelt er empört den Kopf. So schnell er kann, läuft der Jäger hinterher. An der Steilwand zeigt der Kojote den Freunden, wo seine Frau verschüttet wurde. Yakari springt vom Pferd und beginnt, die Steine wegzuräumen.

Da taucht plötzlich Stolze Wolke neben ihm auf. „Du hast geschummelt, Yakari!", ruft er. „Ich habe genau gesehen, dass du den Kojoten mit dem Pony verfolgt hast." Yakari entgegnet: „Du kannst das rote Band gerne haben, Stolze Wolke. Aber hinter diesen Felsbrocken steckt ein Tier, das wir retten müssen."

Noch ehe Stolze Wolke etwas erwidern kann, rutschen von oben einige schwere Steinbrocken herab. Blitzschnell stemmt der Jäger sich dagegen und hält die Steine fest, sodass nicht noch mehr Steine im Weg liegen und Yakari das Kojotenweibchen befreien kann.

Endlich ist es geschafft! Yakari hat eine Öffnung freigelegt und die Kojotenfrau kann ins Freie schlüpfen.

„Bringt euch schnell in Sicherheit!", ruft Stolze Wolke. Sobald niemand mehr in der Nähe ist, springt er selbst zur Seite. Mit lautem Poltern stürzen die Steine, die er festgehalten hat, in die Tiefe. Der Kojote wirft den Indianern dankbare Blicke zu und hält ihnen den Schwanz hin. Yakari nimmt das rote Band und reicht es Stolze Wolke.

„Nach den Regeln darf man während des Laufes nicht reiten", sagt Yakari. „Also gehört das rote Band dir."

Kurz darauf kehren Stolze Wolke, Yakari und Kleiner Donner ins Indianerdorf zurück. Alle blicken auf das rote Band, das Stolze Wolke in der Hand hält.
Doch statt seinen Sieg zu feiern, wendet sich der Jäger mit ernster Miene an die Stammesmitglieder.
„Yakari hatte recht", verkündet Stolze Wolke. „Der Lauf um das rote Band ist unsinnig! Yakaris Mut und Rechtschaffenheit haben mir gezeigt, worauf es wirklich ankommt, nämlich auf Respekt gegenüber der Natur und auf die Liebe zu den Tieren! Lasst uns in Zukunft auf diesen Wettlauf verzichten!"

Eine feierliche Stille legt sich über die Stammesgemeinschaft. Alle sind tief beeindruckt von Yakaris Einsatz, aber auch von der Einsicht des Jägers. So haben Yakari und Stolze Wolke die unnötige Kojotenjagd gemeinsam beendet.

EILE MIT WEILE

Nach der Rückkehr aus dem Winterlager gibt es im Indianerdorf viel zu tun. Die Tipis müssen aufgebaut und die Vorräte aufgefüllt werden. Alle Stammesmitglieder helfen mit. Doch beim Aufstellen der langen Tipistangen bemerken sie, dass einige davon zerbrochen sind.

„Was machen wir denn jetzt?", fragt Yakari seine Eltern.

Da kommt gerade der Stammesälteste Stiller Fels vorbei. „Wir brauchen neue Stangen", stellt er fest. „Doch es ist nicht leicht, das richtige Holz dafür zu finden und die Stangen zu schnitzen." Kühner Blick nickt. „Dafür benötigt man viel Erfahrung."

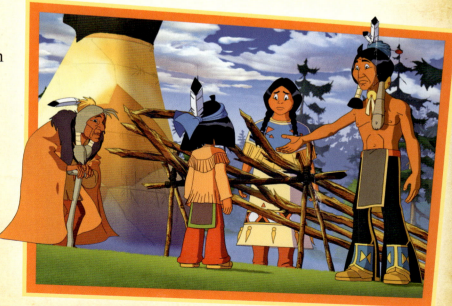

Yakari blickt fragend vom einen zum anderen. „Und wer aus unserem Stamm kennt sich damit aus?", möchte er wissen.
„Müder Krieger", antworten Stiller Fels und Kühner Blick wie aus einem Mund.
„Müder Krieger?", wiederholt Yakari überrascht. Wer hätte gedacht, dass ausgerechnet das langsamste Stammesmitglied ein Meister in Holzkunde und Schnitzkunst ist?

Noch am gleichen Abend erhält Müder Krieger den Auftrag, neue Tipistangen zu beschaffen.
„Darf ich ihn begleiten?", fragt Yakari.
„Gerne, mein Sohn", erwidert Kühner Blick.
Und Stiller Fels ergänzt: „Von Müder Krieger kannst du vieles lernen."

Am nächsten Morgen brechen Müder Krieger und Yakari mit ihren Pferden auf.
Der Hund Knickohr begleitet sie und springt munter voraus. Aber der Mustang von Müder Krieger bewegt sich genauso langsam wie sein Reiter. Bedächtig setzt das Pferd einen Huf vor den anderen.
„Oje!", seufzt Yakari, denn sonst ist er mit Kleiner Donner viel flotter unterwegs.
Aber heute müssen sie sich ihren Begleitern anpassen.
„Welches Holz eignet sich denn am besten für die Tipistangen?", erkundigt sich Yakari unterwegs.

Müder Krieger antwortet so langsam, dass Yakari sich zwischendurch fragt, ob er vielleicht eingeschlafen ist. Aber nein! Für Müder Krieger ist es ganz normal, im Schneckentempo zu sprechen.

„Wir nehmen Birkenholz", sagt Müder Krieger, wobei er zwischen den Worten lange Pausen einlegt. „Birken wachsen sehr hoch und gerade."

„Und wo finden wir Birken in der richtigen Größe?", fragt Yakari weiter. Wieder lässt die Antwort auf sich warten. „Im Tal der Riesen", murmelt Müder Krieger schließlich.

Yakari weiß, wo dieses Tal liegt. Kleiner Donner könnte ihn im Handumdrehen dort hintragen! Doch heute brauchen sie den ganzen Tag, um die Strecke zurückzulegen.

Die Abenddämmerung bricht schon herein, als das Tal endlich vor ihnen liegt. „Lass uns das Holz suchen, bevor es dunkel wird!", schlägt Yakari vor.

Müder Krieger schüttelt den Kopf. „Lieber morgen", sagt er gedehnt und gähnt.

Auf einer Waldlichtung schlagen sie ihr Nachtlager auf. Während die Pferde sich das frische Frühlingsgras schmecken lassen, stärken sich die Reiter mit ihrem Proviant. Auf einmal hebt Knickohr schnuppernd die Nase. „Ich wittere ein Tier, das es nicht gut mit uns meint", raunt er Yakari zu.

Der Indianerjunge streicht beruhigend über Knickohrs Fell. „Du brauchst dich nicht zu fürchten", versichert er.

Nach dem Essen steht Yakari auf und sagt: „Ich gehe noch eine kleine Runde mit Knickohr. Das wird uns guttun."

Müder Krieger nickt und antwortet in seinem üblich schleppenden Tonfall: „Pass gut auf, Yakari! Vorhin habe ich die Fährte eines Bären gesehen." Yakari nickt. „Wir werden gut achtgeben", verspricht er, bevor er mit Knickohr loszieht.

Doch schon nach wenigen Schritten möchte der Hund nicht mehr weitergehen. „Lass uns lieber umdrehen!", sagt Knickohr ängstlich. „Bären mögen es nicht, wenn man in ihr Revier eindringt."
In diesem Augenblick lässt das zornige Gebrüll eines Bären die Bäume erzittern. Ein riesengroßer Bär stürmt auf die Freunde zu. Seine spitzen Zähne funkeln im Mondlicht und die Krallen an seinen Tatzen sind scharf wie Spieße.
„Hallo, ich heiße Yakari ...", möchte sich der Indianerjunge vorstellen.
Weiter kommt er nicht, denn schon stürzt sich der Bär mit ausgestreckten Krallen auf ihn.

Nichts wie weg hier! Yakari und Knickohr rennen los, so schnell sie können. Doch es ist mühsam, im schummrigen Dämmerlicht über den unebenen Waldboden zu laufen. Schon stolpert Knickohr über eine dicke Wurzel und fällt hin. Benommen bleibt der Hund liegen.

Oje, der zornige Bär kommt immer näher! Schnell hebt Yakari den Hund hoch und rennt mit Knickohr auf dem Arm weiter. Doch sein vierbeiniger Freund ist ganz schön schwer!

Yakari spürt den Atem des Bären im Nacken, während er keuchend über umgestürzte Bäume klettert und durch dichtes Dornengestrüpp hastet.
Plötzlich stoßen Yakaris Beine gegen etwas Warmes, Weiches. Er verliert das Gleichgewicht und landet gemeinsam mit Knickohr unsanft auf dem Waldboden. Während er sich aufrappelt, sieht Yakari, mit wem er zusammengestoßen ist: Ein Bärenjunges starrt die Freunde erschrocken an und heult auf. Ängstlich klettert es an einer jungen Birke hoch.

Der Bärenvater will sich gerade auf Yakari stürzen, als er das Weinen seines Sohnes hört. Sofort hält er inne und sieht sich nach dem Kleinen um.

„Da bist du ja", ruft er zu dem Bärenjungen hinauf. „Hab keine Angst, ich hole dich da runter!"

Schon schlägt der Bärenvater seine Krallen in den Stamm und beginnt, an der Birke nach oben zu klettern. Doch er ist viel zu schwer für den schmalen Stamm! Unter dem Gewicht des Bären biegt sich der Baum ächzend hin und her. Da bekommt der kleine Bär hoch oben auf der Baumspitze noch größere Angst und plärrt lauthals los.

Vorsichtig lässt sich der Bärenvater wieder nach unten gleiten. Wütend stapft er auf Yakari zu. „Es ist nur eure Schuld, dass er sich fürchtet!"

Da dringt plötzlich ein lautes Wiehern durch den Wald. Kleiner Donner hat die Freunde gesucht und stürmt mit wehender Mähne herbei.

Mutig bäumt er sich vor dem Bären auf und ruft: „Komm meinen Freunden ja nicht zu nahe!"

Der Bär weicht einen Schritt zurück. Erstaunt blickt er auf Kleiner Donner, Yakari und Knickohr.

„Tauchen hier etwa immer mehr Eindringlinge auf?", knurrt er.

Statt einer Antwort geht Yakari auf ihn zu. „Mich wird der Baum tragen, ich bin leichter als du", sagt er. „Ich kann hochklettern und dein Junges retten."

Noch bevor der Bär etwas erwidert, beginnt Yakari schon, auf die Birke zu klettern. Geschickt zieht er sich am Stamm nach oben. Bald kommt er bei dem Bärenkind an und nimmt es auf den Rücken. Der kleine Bär klammert sich ganz fest und lässt sich von Yakari sicher nach unten bringen.

Der Bärenvater atmet erleichtert auf, als sein Sohn wieder festen Boden unter den Füßen hat. „Danke, kleiner Mensch", sagt er. „Aber nun verschwindet, hier gibt es keinen Platz für euch."
Yakari holt tief Luft. „Mein Stamm braucht dringend einige Birken von hier", erklärt er. „Wenn wir mit der Arbeit fertig sind, werden wir sofort wieder gehen."
Der Bär zögert kurz, dann gibt er sich einen Ruck. „Also gut, ich gebe euch einen Tag. Solltet ihr allerdings morgen bei Einbruch der Dunkelheit nicht verschwunden sein, bekommt ihr richtig Ärger mit mir."
Nach diesen Worten packt er seinen Sohn und stapft davon.

Am nächsten Morgen fällt Müder Krieger den ersten Baum und beginnt zu schnitzen. Bedächtig schält er die Rinde vom Stamm und schabt mit dem Messer das Holz ab. Die Sonne steht schon hoch am Himmel, als er die erste Stange zur Seite legt.

„Wir müssen heute Abend fertig sein", raunt Kleiner Donner. „Schaffen wir das denn?"
„Wir müssen es schaffen", seufzt Yakari und geht zu Müder Krieger hinüber. „Wie viele neue Stangen brauchen wir eigentlich?", erkundigt er sich.
Müder Krieger blickt langsam auf. „Zehn Stangen müssten reichen", sagt er. „Aber jetzt muss ich erst mal ein Nickerchen machen."
„Das geht nicht!", ruft Yakari erschrocken. „Wir müssen heute Abend fertig sein."
Doch Müder Krieger lässt sich nicht aus der Ruhe bringen. „Ach, Yakari", lächelt er. „Sei doch nicht so schrecklich ungeduldig!"
Yakari beschließt, die Sache selbst in die Hand zu nehmen. „Komm, Kleiner Donner!", sagt er und schwingt sich auf den Pferderücken. „Zum Glück kennen wir die besten Baumfäller weit und breit!"
Kleiner Donner errät sofort, wen Yakari meint. „Auf zu den Bibern!", schnaubt er freudig und galoppiert los.

Leichtfüßig trägt das Pony seinen Reiter zum Flussufer. Der kühle Wind streicht über Yakaris Haut und zerrt an seinen Haaren. Es tut gut, wieder einmal schneller unterwegs zu sein!

Am Fluss treffen sie ihre Freunde, die Biber Nagezahn und Lindenbaum. Die beiden sind sofort bereit zu helfen. Eifrig springen sie auf Kleiner Donner und los geht's ins Tal der Riesen.

Dort hat Müder Krieger inzwischen seinen Mittagsschlaf beendet und schnitzt sorgfältig an der zweiten Stange. Er ist so auf seine Arbeit konzentriert, dass er die Biber nicht bemerkt.

Schnell zeigt Yakari den beiden die fertige Tipistange. „Wir brauchen mehrere Stangen in dieser Länge und Dicke", erklärt er. „Sie müssen aus dem gleichen Holz sein."

„Alles klar!", rufen die Biber und machen sich an die Arbeit.

Mit ihren starken Nagezähnen haben sie ruck, zuck einige junge Birken gefällt und knabbern sie in die richtige Form. Es dauert nicht lange, bis Yakaris Biberfreunde fertig sind. Ein Bündel makelloser Tipistangen liegt neben der Stange, die Müder Krieger geschnitzt hat.

„Vielen Dank, meine Freunde", sagt Yakari. „Sollen wir euch wieder zurückbringen?"
„Nicht nötig", erwidert Nagezahn. „Unser Fluss fließt ganz in der Nähe vorbei. Wir schwimmen einfach zurück."
„Danke sehr!", ruft Yakari ihnen nach. „Auf Wiedersehen!"
Die Sonne versinkt schon hinter den Baumwipfeln, als Müder Krieger mit seiner zweiten Stange fertig ist. Als er die anderen Tipistangen sieht, staunt er nicht schlecht.

„Alle Achtung!", meint Müder Krieger und streicht mit der Hand über das Holz. „Die Stangen sind perfekt. Du lernst wirklich sehr schnell, Yakari!"
Pünktlich vor Einbruch der Dunkelheit machen die Freunde sich mit den Tipistangen auf den Heimweg.
Am Waldrand winkt Yakari dem Bären und seinem Sohn zu, die hoch oben auf einem Felsen stehen und darüber wachen, ob die Besucher auch wirklich rechtzeitig ihr Revier verlassen.

Am nächsten Tag werden im Indianerdorf die letzten Tipis aufgestellt.
„Deine Stangen sind wirklich äußerst gelungen", lobt Yakaris Mutter. „Es ist beachtlich, was du von Müder Krieger alles gelernt hast!"
Yakari lächelt nur und dankt im Stillen den hilfsbereiten Bibern. Es geht eben nichts über gute Freunde!

YAKARI

FANS, AUFGEPASST!

**Yakari:
Die schönsten Geschichten**

ISBN 978-3-86318-513-8

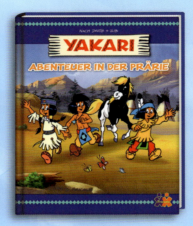

**Yakari:
Abenteuer in der Prärie**

ISBN 978-3-86318-472-8

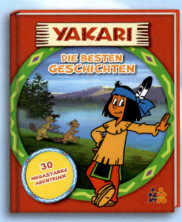

**Yakari:
Die besten Geschichten**

ISBN 978-3-86318-381-3

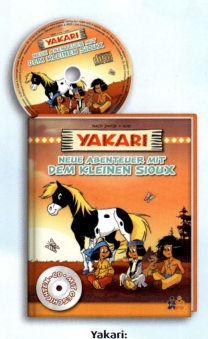

**Yakari:
Neue Abenteuer mit dem kleinen Sioux**

ISBN 978-3-86318-497-1

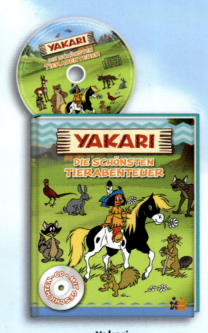

**Yakari:
Die schönsten Tierabenteuer**

ISBN 978-3-86318-403-2

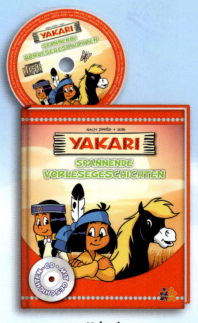

**Yakari:
Spannende Vorlesegeschichten**

ISBN 978-3-86318-446-9

**Yakari:
Meine Kindergartenfreunde**

GTIN 4260324690394

**Yakari:
Meine Freunde**

GTIN 4260324690233

Starke Yakari-E-Books!
10 interaktive Geschichten
für iOS & Android

Das dickste Yakari-Malbuch aller Zeiten!

**Yakari:
Mein superdickes Malbuch**

ISBN 978-3-86318-456-8

Mit Stickern

**Yakari:
Mein schönster Malblock**

ISBN 978-3-86318-504-6

Soundbuch mit 6 Geräuschen

**Yakari:
Ausflug mit Kleiner Donner**

ISBN 978-3-86318-469-8

**UNTER
WWW.FRIENDZ-VERLAG.DE
FINDET IHR WEITERE SPANNENDE BÜCHER MIT YAKARI UND SEINEN FREUNDEN!**